HERA100

本気でヘラと勝負する

鈴木和明

Kazuaki Suzuki

文芸社

HERA100

本気でヘラと勝負する

まえがき

この本を手にしたみなさん、底釣りで一日に一〇〇枚を釣ることができたら、本当に楽しいですよ。みなさんもそんな気持ちを味わってみませんか。

この本は、ヘラを底釣りで一日に一〇〇枚釣ってみたいと思い立ち、ただひたすらに釣った釣り師による自慢話満載のエッセイです。

ヘラと勝負する。これがヘラ釣りをするときの私の気持ちです。「本気になって」という言葉を付け加えた方が的を射ているかもしれません。

近ごろではそれが少し変化し、ヘラのご機嫌を伺って、ヘラと一日遊ぶ、という気持ちが強まってきました。ヘラの扱いがとてもやさしくなってきたように思えます。

釣り方は、サオ一〇尺、バランスの底釣り、両ダンゴというものです。底釣りをしない釣り人には縁のない本だと思いますが、参考になることはたくさんあると思っています。

釣り場は、一ヶ所の管理釣り場（釣り堀）に限定しました。「ここで釣れなければ、どこへ行っても釣れないだろう」という気持ちで臨みました。

釣りというものは、釣り人が一〇人いれば一〇通りの釣り方が出来上がるものです。どれほど上手に真似たとしても、同じ釣りはできないと思うのです。

まえがき

このことこそが、釣りという趣味を奥深いものにしているのです。

念のために申し上げておきますが、私の「釣果」は、「検量」されたものではありません。「自己申告」の釣果ですから、数字を信じるか信じないかは読者のみなさんにお任せしたいと思います。

六四歳の誕生日に、縁あってヘラ釣りを「再開」することになり、千葉県白井市の水光園（TEL ０４７―４９１―２７４９）という管理釣り場に通うことにしました。

このとき、長年心血を注いだハゼ釣りの教訓を、ヘラ釣りに生かせないものかと思ったのでした。

「石の上にも三年」という言葉がありますが、私のヘラ釣りはすでに五年が経とうとしていて、我慢と辛抱の時は過ぎ、飛躍の兆しが感じられるようになりました。

この本は、私のホームページ「和明サイト（http://www.s-kazuaki.com）」に掲載したエッセイ「シニアの突撃ヘラつり」に、折々に書いたものをまとめてみました。

ヘラ釣りファンのみなさんの目に留まれば、これほど嬉しいことはありません。

二〇一一年一月

鈴木和明

CONTENTS

オンリーワン釣法

空から何かが降りてきて私にとり憑いた

タックル

三〇秒以内でウキ交換

食べごろのエサ

エサは二ついていますから！

美しい立ち姿のウキとタナ取り

オモリ合わせ

一気に釣る

平日でもろくに釣れないのに……!!

一本バリの釣り

ヘラの釣果というもの

ハリの間隔

ヘラの釣り座

当たり前のことをする

一〇〇枚の難度とは？

主導権を取るということ

思いのままにヘラを釣れる

釣りをしていて、いつも思うことですが、「いつでも思いのままにヘラを釣ることができる」というのが、釣り人として最高の境地ではないでしょうか。

私のヘラ釣りの目標は、まさにそこにあります。

もちろん、真冬とそれ以外の季節では、釣果に若干の差があることは確かです。でもそれは「現時点での私の腕では」という条件つきだと思うのです。

真冬の釣果では、二〇〇九年二月五日に七三枚を釣ったのが、四シーズンを通じての最高記録です。私としてはよく釣ったけれども、一日一〇〇枚という最終目標から見れば七〇％の到達点でした。気持ちとしては「まだまだ」というものがありました。

ところが、二〇一〇年一月二二日に一二七枚を釣り、同年二月一六日に一二一枚、二月二六日に一五五枚という釣果を打ち立てたのです。一五五枚というのは春夏秋冬のシーズンを通じてさえも過去五年間で三番目の釣果でした。

徹底的に使いこなす

ここから得られた教訓は、やはり、釣り場（あっちの釣り堀、こっちの釣りセンターなど）をちょくちょく移動しない、釣行間隔を開けすぎない、底釣り・宙釣りなど釣法をしょっちゅう変えない、サオの長さをときどき変えない、エサの種類を乱用しない、などなどです。これらは、上手になる過程では自戒した方がよいと思います。

「何とかのひとつ覚え」という言葉もありますが、エサであれば、ダンゴならダンゴ、このブレンドならこのブレンドと決めて、それを「徹底的に使いこなす」という努力が、結局は一番の近道だと思えるのです。

このことは、ウキについても言えると思います。私は、真冬のウキとその他の季節のウキを大別して、四種類程度で一年中釣っています。

ヘラに振り回されて不機嫌になる

年間一〇〇日ほどヘラ釣りに出かけますと、家庭内での地位、立場について考えざるを得なくなります。家長として「主導権を取る」努力が、どうしても必要になるのです。

このことは別の意味でも大切です。実釣の場面で、ヘラに振り回されることが時折あります。

つまり、自分の思い通りにヘラが釣れない、ということです。

真冬であれば、一日釣って五枚とか一〇枚の貧果に終わり、欲求不満で納竿する。夏場なら五〇枚は釣れていいはずなのに、三〇枚しか釣れない。釣り人は不機嫌になったり、ストレスを感じたりします。

ヘラにエサをくれてやっているのと同じ

そんなときにはいろいろと原因を挙げたくなるものです。食い渋った、エサの選択を誤った、寒すぎた、暑すぎた、風が強かった、ヘラが上ずってしまったなどなど、言い訳を並べたてるのです。

私も、当初は「ヘラのせい」にすることがありました。しかし、ひとつだけ肝に銘じていたことがあります。それは一日を振り返り「釣り人とヘラのどちらが主導権を取っていたのか」という考え方でした。

釣りをする以上、釣る側の私が主導権を握りたいわけです。ヘラに翻弄されているようでは、釣り堀でエサをくれてやるのと同じだと思うのです。

真冬の釣り堀で一日釣って五〇～七〇枚、その他の季節で八〇～一〇〇枚程度をコンスタントに釣れるようになれば、私が主導権を取ったと言えるでしょう。

これまでの足かけ五年間で、一日に一〇〇枚以上釣った日は一一六回あります。それだけあるということは、一〇〇枚にわずかに届かない釣果、つまり七〇〜九〇枚の日が何回もあったということです。

ヘラは人間様には勝てない

では、自分が主導権をとったと感じられる釣りとは、どのようなものでしょうか。

もうこれは、池の中のヘラの動きが見えると言いましょうか、感じられると言いましょうか、表現のしようがないことですが、ともかく、ヘラの動きが「自然」に「イメージ」できてしまうわけです。理屈ではなくて「感じられる」わけです。

ヘラはあくまで「畜生」であり、飼われている身でもあるわけですから、人間様には決して勝てないものだと思っています。ヘラがどんなに「学習」して利巧になったとしても、畜生は畜生ですから、釣り人にかなうはずがないのです。

ところが、かなうはずがないヘラが、人間様を翻弄するわけです。ヘラ釣りを始めたころの私は、釣れないときには「潮時」まで「問題視」しました。潮止まりが何時だから、その前後の時間帯は釣れなかったのだろうなどと、大真面目でその可能性を考えたりしたものです。

また同様に、地震があったから釣れなくなった、などと平気で考えていた時期もありました。

ナンセンスな考えだったと自分を笑えるのは今だからこそで、当時の私は真剣そのものでした。

アタリがとぎれない釣りを夢想

「攻めの釣り」というものを、どのように表現したらいいかよく分かりませんが、私のヘラ釣りは「攻めの釣り」でありたいのです。少なくとも、待ちの釣り、守りの釣りではないと思っています。

ヘラを寄せ続けられる釣り、アタリがとぎれない釣り、というものを夢想しています。そのためにどのような釣り方を身につけたらいいのか。それが私の課題でした。

それは少しずつ形を成してきたように思うのですが、実感が湧いてくるのはもう少し先の話でしょう。もっともっと、実績を積み上げてからのことになりそうです。

今はまだまだ、やるべきことがたくさんあって、道半ばにも達していないというのが、偽らざる現在の心境なのです。

シニアの突撃ヘラ釣り

自由の身になった自分にご褒美をあげる

二〇一〇年の時点でシニアと言えば、団塊の世代が中心だと思います。私は戦中派ですから、少し前の世代です。私の世代前後は、貧しかったこともあって、ただただひたすら働いて、結婚して、家を買って、故郷に錦を飾るというような意識が強かったと思えるのです。

ですから、何をするにしても一生懸命で、妥協せず、技を極めようとする。遊んでいるヒマがあったら仕事仕事、と言っていた世代です。

そんな人たちが「夢中になっていた仕事」から解放される。別の表現をすれば、「安住の職場」から「ほっぽり出されて」「自分の時間を自由にお使いください」と言われているようなわけです。

このようなご時世ですと、さあ明日から何をしようか、ということになるのです。時間を持て余して、図書館へ行ったり、何か趣味でも始めようと思案したりするものの、結局は再就職の口を求める人が多いようです。そうして仕事に戻り、軽作業などの労働で「時間を潰して」日々を過ごしていく。それには、経済的な事情も絡んでいると思えますから、一概に否定することはできないと思っています。

とはいっても、自由の身になった自分に何らかのご褒美をあげることができないものでしょうか。自由きままに、思いのままに、やりたいことを、やりたいだけやって過ごす。そんな時間の使い方を「会得」するには、われわれの世代は、あまりにも働き蜂だったと思うのです。

趣味はいい加減にやったらつまらない

私は「釣りを平日にやりたくてやりたくて」、そのことだけが引退の理由の半分以上を占めていました。それほど「自由な人間」だったと自分でも思っているくらいですから、仕事を辞めてからのスケジュールは、まさに釣り中心で回っているわけです。

釣りのことが話題になりますと、「釣りは仕事です」と広言してはばかりません。この言葉には意味があって、釣りという「趣味」は、「仕事のようにやってこそ」面白みも楽しみもあるというのが私の持論です。

「趣味」というものは、いい加減にやっていたら、これほどつまらないものはないと私は思います。すぐに飽きますし、やったあとに無常感というか、空疎感というか、こんなことをしていていいのだろうかというような焦燥感に襲われると思うのです。

仕事の場合、キチッと段取りして、製品を作るにしても売るにしても、計画どおりに事を運びます。仕事のようにやるということは、たとえ釣りでも仕事と同様の厳しさが求められるわけです。つまり、一生懸命にいろいろと努力する必要があるし、ひとつのことをコツコツと、長い年月をかけて積み上げていくべきだと思っています。

現役時代の私は、仕事を趣味のようにすることをいつも意識していました。給料を戴いて、あるいは自分が事業主や経営者であっても、やっている仕事が「楽しくて」「面白くて」仕方がないという日常を過ごしたいと考えていたのです。楽しくなければ、つまらなくては、仕事も趣味も長続きしないでしょう。

現役を引退するには「資格」がいる

趣味というものは、それが道楽にまで昇華していないとしても、「心の栄養」としてストレスを解消させてくれる存在ではないでしょうか。釣りにしても、ダンスにしても、カラオケにしても、何の趣味でもそれは言えると思います。

ですから、釣りを平日にやりたいがためにリタイアを決心したときも、仕事を辞めることに対する「罪悪感」などは一切ありませんでした。また、自由時間をどのように過ごしたらいいのかといった心配も一切ありませんでした。心がけたのは健康第一ということだけでした。

ここまで書いてくると「突撃」という言葉の意味がご理解いただけたかと思います。

六四歳で始めたヘラ釣りを完全にマスターするというか、「思いのままにヘラを釣りたい」ために一生懸命になっている姿が想像できると思います。仕事に没頭していた現役時代のように、今度は趣味の釣りに全力で取り組んでいるということです。

趣味は「達成感」を味わうものであり、それを味わうためにこそするものだというのが私の考えです。このような「心がけ」がありませんと、現役を引退する「資格」に欠けていると思うのです。

ともかくも、定年その他でリタイアすると環境が「激変」します。目標のようなものを持たず、何をするにもボーッとしているようでは「病気」になるのがオチですから、現役時代のうちにいい趣味を見つけておくことが大切なのです。あとは、迷わずに「まい進する」ことが一番いいと思います。

私が引退してすでに一三年目になりましたが、自分自身の経験から、そのように言えるわけです。

シニアの突撃ヘラ釣り

私の趣味は、釣りと郷土史研究（執筆と講演）の二つがメインですが、もう一点、地域での奉仕活動があります。ボランティアという概念ではありません。「奉仕」です。奉仕には恩返しという意味あいもあります。自治会長を務めたのも奉仕ですし、神社の氏子総代の役職をお引き受けしているのも奉仕です。小学校などの臨時講師や公民館での講座を受け持つときも、私の中では奉仕という位置づけです。

私にとっては、自分の釣技を練磨するための釣りと、釣りの本の執筆は、単に自己満足を追求する行動です。千葉県行徳の郷土史の調査・執筆も自己満足の追求であり、趣味の範疇です。でも、その範囲を超えますと「奉仕」という概念が顔を出すのです。

いずれにしても、団塊の世代が退職して自由時間が増えたわけですから、その時間の過ごし方に、人生観といいますか、生活環境といいますか、その人の性格がよく表れます。

私のように「シニアの突撃ヘラ釣り」と称して、ヘラ釣りに「没頭」される方々もきっと多いのではないかと思ったりもしています。突撃中はヘラ釣りのほかは何も考えませんから精神的にもいいのです。

本気になってヘラと勝負する

ヘラ釣りといえども、本気になってヘラと勝負する気になりますと、これはもう、仕事以上に情熱を傾けて取り組みませんと、ヘラは難しいなどと嘆くのがオチです。ヘラに翻弄されて、それでサジを投げて、ヘラ釣りをやめてしまうことになりかねません。

そのような人が、たとえ別の趣味を始めたとしても、結果は同様で、何をしてもモノにならずに終わってしまうのではないかと思うのです。

オンリーワン釣法

自分流の釣りを楽しむ

十人十色という言葉があります。釣りで言えば、オンリーワン釣法です。

ヘラ釣りでも、一人として同じ釣り方はないと思うのです。

バランスの底釣りを取ってみてもそう考えられます。まったく同じ釣りというものは存在しません。しいて言えば、似たような釣りとでも表現するほかないでしょう。

釣りで一番大切なことは、「思いのままに」魚を釣ることだと思っています。そこへ行き着く過程は千差万別であっていいのです。

釣り関係の方がよくおっしゃる言葉に「ヘラは釣ってナンボです」というのがあります。

私がヘラ釣りを再開したとき、いの一番に思ったのは「自分流の釣りを楽しもう」ということでした。それでは、私の自分流の釣りとは何かといいますと、「いつでも思いのままにヘラを釣ることができる技術を習得するための釣り」ということになります。

師匠がいると試行錯誤をかなり省略できる

シニアになりますと、余計に、孤独になりたくもなります。私の造語で「孤釣」と表現します。一人で、ヒューッとサオを振る、という感じです。

私の場合は、ハゼ釣りのときもそうでしたが、黙々と数を釣る姿勢がヘラ釣りにも出ています。「ヘラと勝負する」という気持ちで、ただひたすら釣り堀に通っているわけです。

それは「ヘラは釣ってナンボ」という言葉が耳にこびりついていて離れなかったことも影響していました。

ヘラ釣り技術習得の近道のひとつは、すぐれた師匠や先輩に恵まれることです。しなくてもよい試行錯誤の過程をかなり飛ばして、ある程度の技術をスピーディーに習得できます。無駄を省略するので、上達が「早い」わけです。一緒に釣りをする中で指導を受け、参考実例を目撃したり、疑問をぶつけたりして、上手な人のエキスに浸ることが近道につながります。

しかし、それすらも万能ではないと思うのです。私に言わせれば、そのような環境に甘んじていると、師匠や先輩の「コピー」が出来上がってしまいます。

どれほどキレイなコピーでも、それは原本ではありません。ですから私は、ヘラ釣りをするに当たって、少なくとも自分が原本になろうと考えたのです。

つまり、オンリーワンの釣法を身につけたいと思ったのです。

バランスの底釣りに決める

そうはいっても、宙釣り、段差の底釣り、バランスの底釣り、ウドンの釣り、ダンゴの釣り、グルテンの釣りなど、釣法のすべてをマスターしようとは思いませんでした。シニアという年齢がそうさせたのです。つまり、先がないのだと。ですから、ただひとつの釣法を極めるだけでいいと自分に言い聞かせたわけです。

底釣り、バランス、ダンゴ、釣り堀、サオ一〇尺、目標は一日一〇〇枚、年間二〇〇〇枚、アベレージ五〇枚／回。これが私のヘラ釣りのキーワードです。

暗中模索、試行錯誤の日々が始まりました。当初は、雑誌や釣り新聞を買ったりして「研究」しました。しかし、やがて気がつきます。メディアに書かれている内容は「似たようなこと」ばかりではないかと。

こうなったら、自分で開拓するしかないと思いました。ハゼ釣りのときも同じ経験をしましたが、たくさん釣れたときの状態を「再現できるか」ということが、最大の課題でした。それを私は「再現性」と呼んでいます。

ある時間帯にペースよく釣れたとします。そのピークタイムが一日に一回だったのを、一日に二回、三回と増やせるかどうか。わずか一〇分間にすぎなかったピークタイムを三〇分、一時間と延ばせるかどうか。これをテーマに研鑽を重ねました。突き詰めますと、一時間に一〇枚釣れたピークタイムを「願わくば」一〇時間持続できないものだろうか、ということになるのです。

ヘラと勝負する

私の目標は「一時間に一二枚、八時間持続」という技術を確立することでした。

もちろんそれは、管理釣り場での釣りに限定されてしまいます。ヘラが飼育され、商品として釣り人に提供されていて、その数は数千尾から一万尾以上にも達します。それほど多数の魚が池の中を泳いでいるのに、一日釣って一〇枚、三〇枚程度の釣果というのは「おかしいのではないか」。そんな認識が私の脳裡に当初からあったわけです。純粋の野釣りの場合は違うと思います。

ですから、私は初めから「ヘラと勝負する」という感覚で釣りをしていました。ターゲットは池の中にゴマンといるのですから、相手にとって不足はないわけです。そのような私は、はたから見ると、とてもとっつきにくい釣り師だったと思います。わき目もふらず黙々と、ただひたすらヘラを釣っていたからです。

釣れた状態を再現できるか

そんな私でも、丸々五年間、同じ釣り堀に通っていますと、顔見知りの方が何人かできました。

その方たちの中には、私の釣りを真似よう、参考にしようとなさる方もおられるようです。それは私がある程度、頭抜けた釣果を出すことが多くなってきたからです。

参考にされるのは嬉しいのですが、ご自分の発想が進化しませんと、単なるコピーになってしまうと思うのです。コピー釣法でも、ある瞬間にはよく釣れることがあります。問題はその状態を後日再現できるかで、これは深刻な課題です。

みなさんを拝見していますと、だいたいが「再現性」で頓挫されているのです。よく釣れたときのことを振り返って、分析して、釣れた状態を「再現する」努力がきわめて大切です。

このことは、ある一定以上の技術を習得する上で最大の壁となります。突破するにはとても根気が要ります。ここで迷いますと、次々と新しいエサに手を出したり、仕掛けをいじったり、さまざまな迷路をさまようことになるでしょう。

ハゼ釣りもヘラ釣りも、上手になる過程は同じようなものだと、最近つくづく思えてなりません。そのようにして、オンリーワンの釣法が身についていくのだと思います。

空から何かが降りてきて私にとり憑いた

大釣りしたときの感触

ヘラ釣りをしていますと、ときどき「空から何かが降りてきて私にとり憑いた」としか表現しようのない大釣りをすることがあります。

このようなことは、実はたびたび起こっていて、その時々に釣技の飛躍があったと思います。とり憑くと言いますと、キツネ憑きや悪霊の憑依を連想しがちですが、この場合は釣りの神様でしょうか。何か分からないものが私に憑くのです。

再現性を追い求める

何かがとり憑いたとき、具体的には釣果の飛躍となって表れます。

二〇〇八年九月、まるで神がかりのような大漁が始まりました。九月一〇日の四四枚に始まり、以後七四枚、一三二枚、九二枚、九一枚、一〇七枚、一〇三枚、九四枚、一四二枚、一二一枚、一二五枚、八四枚、一一八枚、九五枚、一〇四枚、九七枚、八五枚、最後が一一月一〇日で六九枚を釣っています。

二ヶ月間の累計は一七七七枚。一回平均九八枚です。それまでの一～七月末の平均は四二枚でした。

翌二〇〇九年には、一〇〇枚以上の大釣りを三九回記録しました。冬場の一～三月と一二月だけが未達成でした。二〇一〇年は一～三月と一二月に一〇〇枚釣りをすることができました。

ヘラ釣り初年の二〇〇六年、一〇〇枚以上を六回記録しましたが、これはあくまでも「マグレ」であって、実力とは言い難いことでした。その証拠に、二〇〇七年は一度も一〇〇枚に達していません。長い長いトンネルに入り、試行錯誤の毎日でした。つまり、私の言う「再現性」の点で、釣技が未熟だったと思うのです。

ただ言えることは、過去に一〇〇枚以上を釣った経験が一度でもありますと、ペースというものが感覚的に体験できているわけです。それはかなり役に立ちましたし、自分の釣りの「尺度」にもなっていました。

一時間一二枚のペースと瞬間風速

私が一〇〇枚以上を釣るときのペースは、一時間に一二枚というのが標準です。五分に一枚です。釣れない時間もありますので、一時間に一二枚釣るということは、ときに五分で二枚というハイペースにもなります。「瞬間風速」と表現していますが、三〇分で一五枚釣ることもあるのです。

このような釣り方をしていますと、周囲からはウキのナジミが出ないうちにあわせているように見えるようです。つまり、宙の状態であわせているのではないかと首をかしげる。

そんなことはないわけで、底釣りですからナジミは出しています。ただ、ナジミが出てから一秒とか、五秒あるいは一〇秒と、アタリをとる時間が短いのです。

なお、ナジミの出る時間はウキによって違います。私の場合は、水深二・七メートルで一〇秒から一三秒かかるウキを使っています。オモリの量は少ないと思います。

エサ打ちを成功させる

どの魚種でもそうですが、釣りというものは「アタリを出しつづける」ことがとても大切だと思います。釣れるとか釣れないとか口にする前に、まずアタリを出す。これが大事です。

アタリが出るのはヘラが近くに寄った印ですから、言い換えれば、ヘラを寄せるエサ打ちが成功したということです。

また、ヘラの寄りやすいポイント、比較的いつも寄っているポイントにサオが届くかどうかの問題もあります。私の場合は、サオは一〇尺と決めていますので、サオのリーチを基準に釣り座を選びます。一〇尺より一四尺が適した場所もあるようです。

数釣りはエサ？　ウキ？　タナ？　それとも……

ヘラの数釣りを成功させるには、やはりエサ作りが「絶対的に」重要です。私はそのように認識していますが、そうは言ってもエサがすべてではなし、ウキでもなし、ハリでもなし、タナ取りでもなし、ともかく「総合的」なものだと考えています。

「一日で一〇〇枚を釣りたい」というのはそもそもの目標だったのですが、それが実現しますと、今度は「いつでも当たり前のように一〇〇枚を釣りたい」と気持ちがエスカレートしたわけです。「いつでも」と言うからには真冬の厳冬期も含まれますので、普通に考えればこれは「常軌を逸した正気の沙汰でない目標」だったと思います。

でも、私にとってのヘラ釣りは「遊び」であり、「仕事」ではありません。「真冬に両ダンゴの底釣りで一〇〇枚釣れたら面白いぞ」という奇想天外な楽しみ方もあっていいと思うのです。

しかし、目標が高いので常に真剣勝負です。遊びだからということで気持ちに緩みがありますと、とても手の届かない数字です。したがって、実釣では仕事以上の努力をしています。そういう意味で、「釣りは仕事です」といつも申し上げているわけです。

大釣りの間隔が狭まって連続することもある

このような緊張した努力を続けていますと、突然あるとき大釣りをするのです。最近では、その大釣りをする間隔が狭まってきました。時には五回連続で一〇〇枚オーバーということも、飛び飛びではありますが続くようになりました。

「感激」というものは、「空から何かが降りてきて私にとり憑いた」という気持ちになったときが一番強いのですが、最近では真冬の二〇一〇年一月二二日に初めて一二七枚を釣ったときに、とても嬉しい思いをしました。なにしろ、不可能ではないかと半信半疑でいた季節の記録ですから、特別な思いがありました。

人間は面白いもので、こうなると真冬でも当たり前のように一〇〇枚を釣りたい、というふうに気持ちがエスカレートします。

「空から何かが降りてきて私にとり憑く」という現象は、これからもまだまだ起きるのではないでしょうか。私のヘラ釣りは、極端な話、そのことを「体験したい」がための自己満足追求の釣りだと思えるのです。

タックル

三年間で一〇回だけヘラを釣って道具を仕舞う

タックルに対する私の考え方は実に単純です。金額ではないというのが基本で、実用一点張りです。

二一年前、江戸川に回帰してハゼ釣りを再開したとき、師匠のお仲間にヘラ釣りの会の人たちがいました。そのご縁で師匠ともどもヘラ釣りをする「ハメ」になったのです。「似たような経験のある方もおられることでしょう。

初めてのヘラ釣りに備え、オリムピックという釣具メーカーから出ていた「白眉」シリーズのサオを購入しました。ご丁寧に九～一六尺を買い揃えたのだから念が入っています。仲間たちの会に特別参加という形で加わり、三年の間に一〇回ほど同行したでしょうか。その後はろくにヘラを釣らず、気づけば一七年が過ぎていました。

この「白眉」シリーズ、今では部品もなく、忘れられた過去のサオになっています。

一〇尺ザオとの出会いと予備ザオの用意

今から六年前の二〇〇五年六月、地元の八〇歳になるお年寄りに誘われてヘラ釣りを再開したときに、その白眉を持ち出したわけです。

今までメインで使っていたサオは「白眉」です。再開直後に使った一三尺と一二尺のサオは見事に「折れ」ました。私の未熟ゆえでしょう。このとき仕方なく一〇尺ザオで釣ったのが、一〇尺ザオとの長いつきあいの始まりでした。

このように、釣り場でサオが折れたとか、割れたとか、穂先をヘラに持っていかれて行方不明になったとか、いろいろなトラブルを経験しますと、どうしても予備のサオが入用になります。

ヘラ釣り再開後二年ほど経ったときに「景仙」という一〇尺ザオを買いました。発売されたとき釣り場でも話題になり、買ったとか買わないとかの話になったのを聞いていたので、しばらくして買ったのです。

同じシナリのサオはない

白眉の一〇尺は、すでに一万五〇〇〇枚ほどのヘラを釣りましたので、サオを休ませるために景仙を使いました。釣具店主に「それだけ釣れば白眉は腰が抜けたでしょう」と言われたのも気になっていたのです。

一〇尺の白眉全体のシナリが私の身に染みついたのかもしれませんが、それに似たシナリが私の好みです。でも同じシナリ具合のサオはなかなかないもので、使い続けてようやくシナリが似てくるものだと思えました。

一〇尺ザオですから、サオの調子と取り込みの容易さにはあまり関連がないと判断し、シナリは満月のようになった方がラインやハリスに優しいのではないかと考えたのでした。

ベテランが見向きもしないサオを買う

釣具店へ行くたびに、売られている新商品のサオを冷やかしました。もちろん、私の感覚で「高い」と感ずるものは完全に冷やかしです。値段を見てオワリ。だいたいがそのようなサオばかりでした。

そのうちに「刀春」というサオが出ました。このサオは全体として「安い」と思いました。でも手を出さずに「値下がり」するのを待っていました。どんどん売れるようであれば、人気に応じてまた仕入れるでしょう。ところがどういうわけか一向に売れません。「安いサオ」は「ヘラ釣り師」のタックルにはならないのでしょうか。そのうちに二度ほど、値下げしたラベルがつきました。年末セールのとき、ついに一〇尺ザオを一本買いました。値段は一万円ちょっとに下がっていました。この値段ですと「ベテラン」は見向きもしません。そんな安いサオを使っていると恥ずかしいという感情があるのでしょうか。「いいサオ」は値段が高いという固定観念があり、釣り自慢の一つになっているようです。

使いやすいと思ったサオを選ぶ

私は道具を自慢するタイプではありませんので、自分が使いやすければそれでいいわけです。気に入ったサオの値段がたまたま安いだけのことです。もとより一〇尺で三万円とか四万円もするサオには初めから手を出しませんが。

その刀春を使ってみました。私にとってはヘラを掛けたあと、とても感じのよいサオでした。ですから、景仙は刀春と白眉の「予備ザオ」ということにしてしまいました。メインのサオを「休ませたい」ときに景仙を使うつもりなのです。

刀春の名誉のために補足しますが、その後、売れ行きは順調にいったようでした。

道糸は単なる消耗品

ラインは、「かちどきヘラ道糸0・8号五〇メートル」です。これもベテランたちの「いい道糸」

の基準からすれば、とても安い糸です。一〇尺で釣るわけですから、長ザオで使うような高級品でなくてもいいと思います。

私はヘラを一〇〇〜一五〇枚釣ると、道糸を丸ごと交換してしまいます。私にとっては「単なる消耗品」です。一〇〇枚くらいは一日で釣ってしまうので、道糸も一日使えれば十分ということになります。したがって高価なものは要りません。高い道糸を長く使い回すより、安いものをさっさと交換したほうが「安全」なわけです。

道糸が「伸びる」ことを極端に嫌う向きもあります。私は一〇尺の釣りですから伸びても構いません。逆に、ラインの伸縮によってヘラの抵抗を和らげることができると考えています。長ザオとは違う発想です。

同番手のウキを複数用意する

ウキは行きつけの釣具店でだけ売っている「歌麿」シリーズのウドンウキです。このウキも、釣具店で見ると中くらいの安い部類です。使う頻度の高い番手は#8〜10で、#10なら#10を二〜三本も用意しておきます。

ウキというのは、同じ番手でもまったく同じものはないのですが、予備ウキだけは用意します。状況によって、オモリ負荷の違うものを使い分けるためです。

ウキゴムはスイングの「へら専科遊クリアーユウ小 内径0・9」というものです。

ウキ止めゴムは㈱オオモリ製「へらストッパーサイズ小々 適合道糸0・4〜0・8 徳用五〇個入」です。ウキの上は二個、下は三個で止めます。例によって「高いもの」は買いません。

板オモリはKAGEYAMAの0・20です。

オモリを巻きつける小道具は、オモリ軸G8―ミドルを使っています。オモリ軸の上にウキ止めゴムを二個、下に一個つけます。

ヨリモドシはオーナーの「Wクレン22号」一一個入というものです。

タナ取りはラフに、寄せエサ打ちで微調整

ハリは、オーナーのへら改良スレ3号金（ハリス0・4号、六五センチ糸つき）、同1号茶、同糸つきです。糸つきを買う理由は「ハリスを結ぶ時間」が惜しいからです。現場や自宅などで結んでいる「ヒマ」がありません。それだけの理由です。上バリが金なのは、下バリに金がないからそうなったのです。

タナ取りはゴム製品で、大・中・小・小々など何種類かがついているものの中から小々を切り取って使っています。少しくらいの水深の誤差は、エサをつけて二〜三回寄せエサ打ちで放り込めば修正できますので、製品については特別気にしていません。底だって凸凹なわけですから、

気にしたらきりがありません。釣りながら微調整するのです。

周囲の人は合切箱を見て判断するらしい

道具入れは「合切箱《がっさいばこ》」です。二二年前にサオを揃えたとき、釣り仲間の作った製品を買いました。木製でとてもよくできています。私の過去を知らない人は、合切箱を見て「実力」と言いましょうか、キャリアでしょうか、好みでしょうか、それとも資力でしょうかと、いろいろ考えるようです。私としては、ただ成り行きから購入する羽目になっただけで、自慢にも思いません。釣り仲間たち全員が同じものを持っていましたので、お付き合いで作ってもらいました。

玉網も二二年前のものです。あちこち傷んでしまって、ヘラをすくうと胸ビレや尻尾が破れ目からチョロチョロと出てしまいます。でも使えますのでそのまま使っていましたが、いよいよ破れてヘラが池に落ちてしまいました。仕方なく、店先のビギナー用の特売品の安〜い玉網を買いました。玉網が釣るわけではありませんから。

ヘラをすくった玉網を載せる道具は、釣具店で一番の安物を買いました。

サオ掛けも一番安いものを調達して使っています。

万力も安〜いものを買いました。道具自慢はしない性質ですので気が楽です。

温度計だけはいいものを買った

温度計はホームセンターでわりといいものを買いました。しっかり測定したいので、チャチな小さなものを避け、〇・五℃単位のものにしました。「釣り師」を自認する人が水温も測らずにヘラを釣るなど、私の「常識」からは大きく外れています。それとも、水温を知りたがる私の方が「異端」なのでしょうか。

釣り座はシートを敷いて、座布団を一枚とか二枚とか重ねて座っています。まだまだ、イスを使わなくてもペタッと座って釣りができています。夏は座布団一枚、冬は二枚というところです。視線は低い方がウキをより平面で見ることができるのです。

テントはワンタッチで開閉できるもので、値下げされたものを買いました。パラソルも二二年前のもの。ネジ山が腐食してそろそろ寿命かと思いますが、完全にダメになるまで使うつもりです。

そんなこんなで、道具というものは大体が消耗品と心得ています。道具でヘラが釣れるわけではないと思っています。

「釣れない」方がよほど恥ずかしいのではないでしょうか。

三〇秒以内でウキ交換

ウキ交換に一〇分も必要か？

隣り合わせで釣っていても、私がウキ交換をしたことに隣の人が気づかないことがずいぶんとあるようです。

それは、交換時間がきわめて短いからだと思います。私の目標は三〇秒以内に交換というものです。

管理釣り場でのヘラ釣りを本格的に始めて今年で丸六年目になるのですが、当初はウキ交換にも時間がかかりました。

釣り師たちの様子を拝見していますと、ウキ交換を嫌がる人、オモリ合わせやタナ取りに手間取っている人などなど、いろいろな人がおられます。もたもたしていると、釣りを再開するまでに一〇分も一五分もかかります。

道具をいじる時間を、必要時間、やむを得ない時間と思い込み、それが当たり前のようになっているのではないのでしょうか。それとも単なる準備不足なのでしょうか。

ウキを大きくしたり小さくしたり

バランスの底釣りで一日にヘラを一〇〇枚釣ってみたいと思い立って以来、いろいろなことをしてきました。そのひとつにウキ交換があります。

一日ずっと釣っていますと、ヘラの状態や天候の変化などによって、食いアタリの出る過程に変化があると感じます。釣り師は、ウキの大きさを替えることでその変化に対応しようとします。ウキを交換する理由は、エサを替えるため、エサ打ちの量を変えるため、落とし込み投法だったのをなるべく前方へ投入して遠方のヘラを寄せるため、ジャミのアタリをウキに出したくないため、風波で押されてウキが沈没するのを防ぐためなどなど、いろいろあります。

私はウキをシリーズで持っていますから、#8→#9→#10→#13という具合に、状況に応じて替えるわけです。大きくするだけの一辺倒ではなく、小さくしたり、ちょっと大きいものに戻したりと、行ったり来たりすることもけっこうあるのです。

こうしますと、替えたウキがピッタリと状況にマッチして、バタバタッと釣れることが多いのです。釣れる間は、釣れるだけ目いっぱい釣り込んでしまうのが私のスタイルです。一時間に一〇枚、一五枚のペースで釣れますが、それも一時的なので、食い気が鈍らないうちにどんどん釣りたいわけです。

要因はいろいろと推測しますが、ペースダウンしたことは確かですから、それにすばやく対応した方がいいのです。いくつかある私の対応策のひとつがウキ交換です。

実釣と同じセットで自宅でオモリを合わせておく

ウキの交換は、一回だけとか、まったくしないとか、釣行日によってまちまちです。そうであったとしても、一回あたりの所要時間は短い方が絶対にいいわけです。

そこで私の準備ですが、次のようにしています。①道糸・ウキ止めゴム・オモリ・オモリ巻き・ヨリモドシ・ハリなどの部品は、すべて同一のものを使って作製しておく②使用するウキのすべてについてオモリ合わせをしておく③②をしたら予備のオモリを必ず四〜六枚切っておく。

道糸が切れたときなど、①の予備仕掛けが威力を発揮します。②については、自宅の風呂場などで、一〇尺の道糸、必要数のウキ止めゴム・オモリ巻き・ヨリモドシ・ハリなどとウキとオモリをつけて沈めて、空バリ状態での目盛りを決めておいて、その近辺でオモリを切っておきます。

調整が完了しましたら、そのオモリを外して、それと同じ大きさのオモリを切って何個か予備を作っておくのです。予備オモリはすべて一度は仕掛けにつけて沈めて調整しておきます。

なお、風呂場での調整を省略して、釣り場で釣れないヒマな時間を利用して、いきなりオモリ合わせをすることもあります。でも、これは例外です。

実釣では、流れ、風、波などによって、どうしてもウキの立つ目盛り位置が違ってきます。これは、パイプトップよりもムクトップのウキの方が違いが大きいと思います。それを微調整します。

交換後エサをつけてナジミ目盛りで調整

私は、冬の間は歌麿ウドンウキ#8、#9を常時使います。その他の季節は#10～13を使用します。ですから、それらの使用頻度の高いウキについては、事前にオモリ合わせを完了させ、予備のオモリまで何個か切ってあるわけです。予備のオモリは小さなビニール袋に別々に入れてシールを貼っておけばいいのです。

こうなりますと、ウキとオモリをつけ替えるだけで、即、釣りが再開できるというわけです。もちろん、ボディの長さやトップの長さなどが種類によって違いますから、ウキをつけ替えるときに寸法を比べてみて、つけ替える方が長ければ、その長さの分だけウキを下げてナジミ位置を同じように調整します。時間短縮が目的の作業ですから、定規で測ったりする手間は省きます。ということは極端な話、いい加減にウキを上げ下げして調整するといっても間違ってはいませんそのようにラフなことでいいのかと言われそうですが、エサをつけて振り込んでナジミを見れば、それだけである程度わかるではありませんか。ナジミが気に入らなければ、エサを切ってウキをいじれば済むことです。私はエサをつけてせいぜい一回か二回でそれを済ませています。

エサ打ちを途切らせないことがとても大切だからです。

他の釣り人は反面教師

このように、ウキ交換は三〇秒もあれば十分です。隣の人でさえ私の密かな作業に気づかないのはそういう理由です。極端な話、私が「ウキを交換しました」と告げない限り、いつまで経ってもそのことを知らない場合もあります。私をじっと観察していれば別ですが、ご自分も必死になって釣っているのですから、こちらの行動など目に入らないわけです。

逆に、私も他の人のウキ交換に気づかないことがあるのでは、と思われるでしょうが、私の場合は、少なくとも目の届く範囲内では、他の釣り人の動作を注意して見ているつもりです。「鈴木さんは周りのことをよく見ていますね」とよく言われます。ウキ交換や仕掛け交換のやり方、所要時間を見て、その方の準備の度合いと気合を判断しているのかもしれません。

流れるような釣りの動作

一日一〇〇枚を釣ってみたいと思った瞬間から、いろいろな動作を単純化し、エサをつけたハリが一秒でも早く池の底に沈んでいくよう工夫してきました。

そのひとつがウキ交換の時間短縮の段取りなのです。これは私の意図した通りに推移していて、五年も経った今では、当たり前の釣技のひとつとして身についてしまっています。

管理釣り場のヘラ釣りといえども、一日一〇時間の長丁場ですので、シンプル・イズ・ザ・ベストという観念で臨みます。「流れるような釣りの動作」を終日維持することが大切です。どこかで流れに断絶ができてしまうことを避けたいわけです。

棒ウキ

生きエサでの釣り

ヘラウキがどれほど高価なものであったとしても、私にとっては単なる「棒ウキ」に過ぎません。

棒ウキを使う釣りの場合は、ウキがズズーッと沈没するまで待つ釣りなのか、水面から出た部分がストンと瞬間的に沈む瞬間をあわせるのか、というように、大きく二つに分けられると思うのです。

少なくとも、私は子どものころからそのようにして、棒ウキで釣りをしてきました。農業用水路でのマブナ釣り、ウナギ釣り、ハゼ釣り、クチボソ（モロコ）釣り、ボラの宙釣りなど、大いに遊んだものです。いずれも生きエサ釣りでした。

ウキが沈んでそのまま一瞬静止している

長じてからは、練りエサを使ってのボラの底釣り、レンギョの宙釣りなども経験しています。

特に、レンギョは体長一メートル前後の大物ですが、食いアタリはチクッと小さな動きでした。釣りポイントの手前が水深一メートルとかで遠浅の場合は、もちろん六・三メートルなどの長ザオを振って釣りますので、双眼鏡を使ってウキを見るわけです。

レンギョの食いアタリは、釣り堀で周囲を観察して見覚えたヘラの宙釣りのアタリよりも、かなり繊細だったと思います。

図体がいくら大きくても、本当の食いアタリとは小さいものだと思ったりしました。しかもチクッと入って、ウキがそこで一秒とか〇・五秒とかの間、静止する。ドンと二〜三目盛り入って静止することもありました。ですから、六・三メートルの磯ザオ2号にリールをつけていても、両手でよいしょとあわせれば間に合うわけです。

レンギョは一メートル前後の巨体ですから、両軸リール着装、道糸はナイロン3号、ハリス2・5号、ダムヘラサイトバリ12号とかのタックルでした。レンギョ釣りとしてはギリギリの細仕掛けです。大ぶりのタックルだとつまらないのです。ナイロンは伸びるのだし、磯ザオ2号の六・三メートルであれば、相手がどれほど巨体でも道糸の出し入れで対処できます。

使用したウキは、ダム湖などで使うボディの長いウキのトップを、やや太めの長いパイプトップにつけ替えました。バラケを余分にしょわせたいからです。かといって、太くし過ぎてしまってはアタリにキレと大きさが出ません。ですから、パイプといっても、私のウキは全体に細身で感度抜群でした。そのほうが楽しめると思ったからです。

レンギョ釣りの経験を生かす

棒ウキでヘラ釣りを本格的にやり始めた五年前、最初に思ったことは、感度のよいウキを使いたいということでした。

思考が単純な私は、レンギョ釣りの経験から、全体に細身でトップもできうる限り細いウキを望んだのです。

実際にウキを探してみますと、イメージ通りのウキはなかなか見つかりません。でも、希望のタイプのウキに出会えないからといって、釣りをしないわけにもいかないので、当初は無理やり試行錯誤しながら釣っていました。

希望としては、アタリは「ドン」と力強く、二目ほどしっかり入って、しかも瞬間的に静止するものを模索したのです。

必ずしも速く鋭いアタリということではありません。私の経験によれば、速く鋭いアタリはスレ掛かりの確率が高いのです。キーワードはむしろ力強さ。それはレンギョ釣りでさんざん経験していました。

そのような力強いアタリは、エサの状態、ウキのバランスの具合、ヘラの活性、集魚数の多少などによって、出たり出なかったりするわけです。

希望のアタリを追求していきますと、一日のうちに何回かはそれがあります。問題は「再現性」

で、そのようなアタリを常に再現できるかが釣果に影響してくるのです。

水深三メートルの釣り場でウドンウキで釣る

私が通っている管理釣り場は、三メートルのサオでどこでも底釣りができましたので、ウキの大きさそのものは、ボディは細身で、トップも細いタイプを使えました。

シニアのヘラ釣りですし、初心者ですから、長いサオは初めから敬遠しました。一〇尺で釣れなければ、どのサオを使っても釣れないと決めてかかったのです。

希望のウキは手に入りませんが、底釣りでどうやらこうやら一〇〇枚以上を釣る技術を確立し、一〇〇枚超えの記録は三年間で一四回達成しました。年間アベレージも五〇枚／回になりました。

実はヘラ釣りを再開したとき、一七年前に買っておいたウドンウキがあったのです。パイプウキも何本か持っていました。そのウドンウキを使って、さんざん釣りました。そのうちトップが折れたり、魚にウキを持って行かれて行方不明になったりで、とうとう使用頻度の高い番手がなくなってしまったのです。

そのような事情があって、釣具店でウキを探していても、なかなか希望のものがなかったのです。ヘラ釣りと一口に言っても、釣り人の嗜好は年々変わるのだし、メーカーも「売るための新商品を出すのですから、愛用していたウキのシリーズが製造中止になっても不思議ではありません。また、製作者が亡くなって作れなくなる場合もあります。私の持っていたウキも一七年前の古い型であったため、そのような憂き目にあったのです。

行きつけの釣具店の社長に相談したところ、オーダーしてみようかという話になりました。それが「歌麿ウドンウキ#8〜13」という6本のウキでした。

パイプでもムクでもキレのよいアタリを望む

私は一〇尺ザオで使えるウキを追求したのであって、もっと長いサオの場合は、当然ながらウキのサイズは異なっていたでしょう。

それでも、求めるアタリは変わらなかったと思います。レンギョ釣りの経験がそれほど鮮明だったたと言えます。

今では、レンギョのアタリと同程度の明確なアタリを底釣りでも出せるようになりました。使用するウキは、感度のよさや違いを考えながら、このサイズのウキであればこのようなアタリが出る、パイプのこのスタイルのウキならばこのような動きになる、ということが、だんだん分かってきたように感じています。

つまり、どのようなタイプのウキを使っても、希望する食いアタリを出せるようになった、程度の差こそあれ、その自信がついたということです。

あとは個人の「好み」の問題ではないでしょうか。私は①大きく②力強く③しっかりと入る④キレのよいアタリが欲しいから、感度を追求するわけです。①~④の要件はすべて揃わなくても、どれかひとつでも私はよいのです。言い添えますが、感度の良し悪しは必ずしも「細身」「ムク」に関係ありません。

ウキを決めてトコトン使いこなすことが大切

これまでに行きつけの釣具店で購入した「出来合い」のウキで、気に入ったのは次のものでした。

かちどき#9、#10の冬用のパイプトップウキ。とくに、#9は気に入って二本も買ってしまいました。つまり予備ウキです。

もうひとつは、歌麿ウドンウキ#10と#13です。これもメーカー発売の「市販品」でした。夏も冬も、以上のシリーズで釣り通してきました。

さらに感度を追求したくて、釣具店に無理を言ってウキをオーダーしたのはつい最近のことです。それが前述の「歌麿ウドンウキ#8~13」6本シリーズです。これはオーダーメイドなので、同じものはどこにも売っていません。世界中で私だけが持っているウキなのです。もしも破損した場合、修理に出しても完全に元には戻らないでしょう。ウキとはそれほどシビアなものだと思います。

大切なことは、パイプトップでもムクトップでも、ウキをどのように使いこなすかです。そのようにしながら自分好みのウキを模索すればよいと思っています。

ハリは消耗品

糸つきの小さいハリを選ぶ

ヘラ釣りを再開したときに、釣具店でハリ選びをしました。そのとき選んだハリは今でも使っています。㈱オーナーばりの「手巻き 金 へら改良スレ3号 ハリス0・4号六五センチつき」と「手巻き 茶 へら改良スレ1号 ハリス0・4号六五センチつき」というものです。

選んだ理由はごく単純で、①糸を結ぶ手間が惜しいので糸つきが絶対条件②釣具店の目立つ場所に在庫品が大量にあり、だから売りたい商品で、しかも安いのだろうと思った③エサを大きくつけたくないので、できるかぎり小さなハリが欲しかった、ハリが小さければ大きなエサは落ちてしまうから、などなどです。

なお、上バリが金なのは、下バリの1号のサイズに金がないためです。

ハリを回収して使い回しをしない

釣り場で釣り人たちの会話を聞いていますと面白いです。人生観というか、哲学というか、生活習慣というか、そのようなものが垣間見られるからです。

糸つきのハリを使い、それを惜しげもなく使い捨てる私など、釣り師の中では例外に近い存在でしょう。なぜなら「もったいない」からです。ものを大切にする人から見れば、私の行為にそのような感情を持つと思うのです。

ですが、私はハリを使い回すことがどうしてもできません。ハリスが縮れたり、ハリだけが残った場合、釣り師はそのハリを再利用します。私にはそれができないのです。

今のハリは品質が良く、いわゆる「高級品」も大量に出回っています。それらの高級バリなら、たしかに繰り返し利用できるかもしれません。しかし私にとって、高価なハリは最初から「選定外」なのです。私のようなヘラ釣り師が増えたら、メーカーは商売あがったりでしょう。

一本のハリで一〇枚釣れればよい

私は、一本のハリで一〇枚のヘラが釣れればよいという主義です。その程度の切れ味を保持してくれれば十分だと思うのです。

実際に釣っていますと、いろいろな理由でハリを交換します。私は上バリと下バリのハリスを三〇センチと三七センチ、あるいは三三センチと四〇センチに決めており、ハリスを切って結んであります。一本ずつ交換するのではなく、上下どちらかがトラブった場合も二本いっぺんに交換します。

ハリ先のナマリを考慮すれば、これはきわめて妥当と言えるでしょう。また、ハリスの傷み具合でも同様です。一本だけ交換しますと、残した側のハリスが切れることだってあるからです。ただし「コスト」の面ではかなり「無駄」をしているという意見も出ると思います。

エサ作りを考えてみますと、作ったエサが、どうも本日のヘラの食い気に適合していないと気づいたら、別のブレンドに変更するでしょう。そのとき前のエサは「捨てる」と思うのです。保管しておいて別の日に使うことはありません。百歩譲ってそのようにしたとしても、エサの経時変化を考慮すれば釣果は期待できないはずです。したがって、ベテランほど廃棄を選択するものと思われます。

エサについてはそのように決断できても、ハリを捨てることに抵抗を感じる方が多いかもしれません。それは哲学の問題だと思います。つまり、もったいないと。エサとハリは違うのだと。

吸い込み重視の選択

釣り人が一〇人いたら、一〇人の考え方があり、一〇の釣り方があるわけです。ハリについて私が蘊蓄《うんちく》を傾けたところで、特定の一人の言葉に過ぎません。

ヘラを釣り上げるに当たっては、ハリがよく切れること（刺さりがよい）、ハリスが切れないこと（丈夫）が大事だと思うのです。

ヘラがハリを吸い込んだ瞬間に（吐き出すという過程を含めて）、口にハリが掛かって欲しいわけです。少なくとも私はそう思います。ハリ掛かりという点から見ると、ハリが大きい（フトコロが深い）ほど掛かりがよいわけです。

ただ、大きいハリはどうしても重くなります。現代科学は、大きくて軽い素材のハリを作り出していますが、私の意識では大きければ重いだろうという先入観があります。それに、ハリが大きいとヘラが異物と感じる確率も高まるのではないでしょうか。

ハリが小さければ、特に下バリが小さければ、ヘラの吸い込みもいいのではないでしょうか。これが素人考えから導き出した私の結論です。ハリ掛かりより吸い込み重視の選択と言えます。

今のところ、1号と3号のハリのセットで一日一〇〇枚という釣果を出していますので、使い慣れることがいかに大切かを実感しています。

ヘラ一万三三〇〇枚超を釣ったサオ

一万三三〇〇枚超釣ればサオも満足

ヘラ釣りを再開した二〇〇六年、通年で四六一六枚（五一枚／回）を釣りました。翌二〇〇七年の成績は三一四三枚（三八枚／回）、二〇〇八年は五五四六枚（五五枚／回）でした。合計一万三三〇五枚です。

その釣果のすべては、千葉県白井市の水光園という管理釣り場でのものです。

この一万三三〇〇枚超のヘラを、たった一本のサオで釣りました。

ヘラを釣りたいと思い立ち、地元の先輩に連れられて行ったこの釣り場でトレーニングをしたわけです。河岸をちょくちょく替えるようなことはしませんでした。

何でもそうですが、ある一ヶ所の釣り場で徹底して覚えたほうが、応用が利くと思うのです。

それは釣り道具にも言えます。私にとって、最も釣りを覚えやすく、使いやすいサオは一〇尺ザオでした。私が恵まれていたのは、初めて連れて行かれた管理釣り場が、一〇尺ザオで底釣りが十分にできる場所だったことでした。

この釣り場がもっと深くて、一三尺か一五尺でなければ底釣りができない場所だったら、それなりの長さのサオで釣っていたと思います。

このように、出会いというものはひとつの運だと思うのです。それを私は「悪運が強い」と、いつも自分のことを引き合いに出して言っています。

一ヶ所に限定して覚える

ヘラ釣りを再開して丸三年間使い続けた一〇尺のサオは、二二年前に買ったオリムピックの「白眉」です。前述の通り、買って三年間で一〇回ほど使ったきり、書庫の中で眠らせていました。三年で一〇回というのは、使わなかったに等しいと思います。それも田んぼの中の野釣り、ダム湖、箱、池、管理釣り場と、あっちで釣り、こっちで釣りの連続でした。

このような釣り方では、ヘラ釣りを覚えろというのが無理な話だと思います。

そこで今回は、釣り場を一ヶ所に限定しました。それが白井市の水光園でした。この一ヶ所でものにならなかったら、どの釣り場へ行ってもマスターできないと覚悟したのです。逆に言えば、ここである程度釣れるようになれば、他の釣り場へ行ってもそこそこに応用が利くだろうと思ったのです。

一〇尺ザオに限定して釣る

過去のヘラ釣りでは、宙をやったり、底をやったり、一六尺で釣ったり、一二尺だったりと、サオの長さもまちまちでした。見よう見真似でした。

ですから、「覚えられなかった」のも当然だと思うのです。

今の私は視力がおとろえてきましたので、なるべくウキが近くにあってほしいのです。遠くなると双眼鏡が必要です。これから覚えようという私が、双眼鏡を使っていたのではどうしようもないと思ったのです。

そこで使うサオは一〇尺に限定しました。この長さ以外は使わないということです。ところが、通い始めたころの水光園は、長ザオ全盛の時代で、みなさん双眼鏡を使って釣っていました。ヘラは沖にいるなどと、よく会話されていたのを記憶しています。

そんな中で一〇尺で始めたものですから、奇異の目で見られていたようです。私はそんなことには無頓着で、ただひたすら一〇尺で釣りました。多くの人が一六尺とかの長ザオを振っていたのですが、一〇尺で釣ってみると意外とよく釣れるわけです。

どの釣りでも同じですが、何人かが並んで釣るときは、他の人のサオが届かないポイントを釣るのがひとつのセオリーです。

みなさんがこぞって遠くを釣る中、一〇尺で近場を狙ったために釣れたのだと思います。

最近では短ザオ主流になっていますので、逆に長ザオを振れば釣果が上がるだろうと思ったりもするほどです。たぶんそれは正解であろうと思うのです。

そんな状況ですから、最近の私の研究課題は、短ザオで並んで釣ったときに他の人よりどれだけ釣り込むことができるかになったのです。

このことは、長ザオ同士で並んだ場合でも同じだと思います。たまたま短ザオの人がほとんどいない釣り場で、初めの三年間のほとんどを「単独」で釣ったので、トレーニングとしてはよい条件だったと思います。

サオの腰が抜ける

このように、二二年前に買った一〇尺のサオで、さんざんヘラを釣ってきました。釣具店の店主が言うには「サオの腰が抜けてきたでしょう」とのことです。四本継ぎですが、今どきの一〇尺ザオと比べるとやや太めです。硬調と書いてありますが、それでもシナリが軟らかくなったかなという感じもします。継いだとき、以前より継ぎ目が深く入ります。

いよいよ寿命かなと思って店主に相談しますと、白眉は修理できないと言われました。すでにメーカーがなくなっているし、部品も手に入らないからと。つまり、買い替えるしかなさそうでした。

一番安いサオを買う

しかたがないので、景仙、硬調という三本継ぎの一〇尺ザオを予備ザオとして買いました。選んだ基準は一番安かったからです。

私の考えとしては、ヘラ釣りは「サオで釣るものではない」と思うのです。ハゼ釣りなどのミャク釣りはサオに伝わる振動をキャッチして釣ります。ヘラ釣りはミャク釣りではありませんから、アタリを感知する役割はサオに必要ないと思われます。そういう意味で、サオで釣るものではないと申し上げたわけです。

サオを握っていても、ヘラのアタリはウキに表れます。将来、ヘラをミャク釣りで釣る時代が来るかどうか分かりませんが、そのような楽しみ方ができる時代になったときにはサオの感度が重要な要素になるでしょう。

現在は、ヘラをハリに掛けたあとの捕り込みをどうするか、どう楽しむかという観点からサオ作りがなされているように思います。

予備ザオとして最安値のものを選んだのは、ただそれだけの理由でした。

最近、いよいよ白眉のトラブルが現実化するのではないかと心配です。というのは、先に言ったように、すでに一万三三〇〇枚超をこのサオ一本で釣っているからです。継ぎ目もゆるくなり、深く刺さるようになってきました。

そこで、白眉が釣り場でトラブルを起こして使えなくなった場合を考え、予備ザオとして常に景仙を携行しています。

もし、その景仙までが何らかのトラブルに見舞われたら、その日はもうお手上げです。そこまで心配したらきりがありませんが、目下の気がかりはそのことです。

予備ザオの予備を購入

先日、いつもの釣具店へ行きました。売り物の一〇尺ザオを見せてもらったのですが、その高いこと高いこと。私の金銭感覚からすればばです。新製品は次々と出ますが、私にとってはいずれも高嶺の花です。モノはさぞかし素晴らしいのでしょうが、値段が気に入りません。冷やかしただけでやめにしました。

所持している、あるいは使っているだけで優越感に浸れるようなサオは、少なくとも私には必要ないのです。あくまでも実用一点張りでいいのです。

ヘラを釣る前に、釣具メーカーに私が釣られそうになったわけですが、今一歩のところで思いとどまったというところです。

白眉を一日でも長く大事に使うことが肝心だなと思っています。

予備の予備が欲しくて、その後も釣具店へ行くたびに新品のサオを冷やかしていたところ、安くて手ごろなサオがありましたので購入しました。シマノの刀春一〇尺です。景仙一〇尺と交互に使い分けています。今ではオリムピックの白眉を予備に回しています。

テント

愛妻の一言がきっかけで買う

ヘラ釣りを始めてすぐのころ「半分出してあげるからテントを買えばぁ〜」と愛妻が言いました。どうした風の吹き回しか、こんなことはとても珍しいのです。

もちろんのこと、私は一目散に釣具店へ直行しました。「山の神の気が変わらないうちに買っちまわなけりゃあ」という気持ちでした。

店で説明を聞くと、片方は新製品で、もう片方は旧型の在庫処分だから安くするということでした。

釣り場でテントを張るのは、雨が降り出したときか、間もなく降りそうなときです。帰りにテントを仕舞うとき、まだ雨が降っていることもあるだろうと思います。もたもたしていたら、テントを開閉している間にビショビショになってしまうでしょう。

ということは、折り畳み傘のようにワンタッチで開閉できるものがいいに決まっています。「どっちがそうなの？」と店主に訊きました。こっち、と指さしたのは新製品の方です。今回ばかりは値段で選んだわけではありません。

雨の日の方が釣果がよい

テントを買ってもらってからは、雨模様の日に積極的にヘラ釣りに行くようになりました。もう「怖いものなんかないっ」という気分です。なまじ天気のいい日よりも、雨の日の方が釣果がいいようです。一度ならず、二度、三度とそのようなことを経験しました。

池に飼われているフナが雨の日によく釣れる理由など、私には考えもつきません。でも、現実にはそのような現象があると思えるのです。

そんなことを経験してからは、天気のよい日は江戸川でハゼを釣り、雨が降りそうな日や台風の日に釣り堀でヘラを釣るようになりました。愛妻がテントを買ってくれたときには予想もしなかった事態です。

真冬は常にテントを張る

真冬のヘラ釣りは、夏とは違って天気のよい日を選びます。そして必ずテントを張ります。最近では、真冬にテントを張っている男がいたら「それは鈴木だ」と知れ渡ってしまいました。

冬にテントを張る効用の第一は、風を避けられることです。真冬の釣りの最大の敵は、身体の周囲を吹き抜ける「風」だと思います。どんなに厳重に防寒対策をしていても、風に体温を奪われます。簡易コンロなどを手元に置いて、暖を取りながら釣る人もおられます。よく防寒服を焦がしたとか、穴を開けてしまったなどという会話が聞こえてきます。

孤独の釣りが楽しめる

テントを張るもうひとつの効用は、左右の釣り人の動作が目に入らないことです。つまり、自分の世界にこもれる。釣りは精神的な葛藤を伴うことがあって、他の釣り人が釣り上げますと、それがなかなか気になるものなのです。

私なども大方の人と同様で、自分の釣りのどこがいけないのだろうかと疑問が頭に浮かんだりして、マイペースを維持することが少しずつ困難になります。要するに、焦ってしまうのです。でも、そのようなことがあるからこそ、いろいろと研究する楽しみもあるわけです。

私などは、もともと一人でヘラ釣りに行って、ぽつねんと孤独に釣って、自己満足して帰宅するタイプの釣り師なので、愛妻の買ってくれたテントがそれを助長したことも事実でした。

ダンゴエサ

エサを使い慣れる

ある程度ヘラ釣りをしている人であれば、「使い慣れたエサ」というものがあると思うのです。それがダンゴなのか、グルテンなのか、ウドンなのか、はたまたセットの釣りなのか、という違いだと思います。

私の方針は「使い慣れる」というただ一点です。どのタイプのエサを使うにしても、ある程度の期間、たとえばワンシーズンとかツーシーズン、年単位の尺度でそのエサを使うようにしています。

迷いがありますと、勧められたエサとか、誰かが釣れたエサとか、今自分が使っているエサでは思うように釣れない（エサのせいにする）とか、いろいろな理由をつけてエサ探しをすると思います。

私も一度は通った道ですから、それはよく分かるのです。問題は、いつまで経ってもその「迷路」から、精神的にも実釣の場面でも抜け出られないことでしょう。

また、別のことも言えます。気が変わって、今までのエサを中止して、別のエサで釣ったとします。使い慣れない、自分としては新しいエサですから、当然ながら使い方が「幼稚」だと思うのです。釣果は知れたもので、極端な場合はチョコチョコッと短時間使っただけで捨ててしまうことがあります。みなさんはこのようなことを経験したことはないでしょうか。たぶん、一度や二度はあると思うのです。その挙句、すぐに従来のエサに戻るのです。

エサのせいにする

ですから私は、エサについて質問を受けると詳しく説明はしますが、必ず「ご自分が使い慣れたエサを使い切ることが大事ですよ」と申し上げているのです。

はたしてみなさんは、私が言うように一つか二つのエサを使い続けているでしょうか。それとも「馬鹿のひとつ覚え」「ワンパターン」で、年がら年中同じものを使っているでしょうか。

そのようにしている方でも、思い通りの釣果が上がらないときはエサのせいにしていないでしょうか。周囲を見渡すと、そのような会話なり愚痴なりを耳にすることがあると思うのです。

最初の年にエサを決める

エサというものは釣り人の感性によって、言い換えればその人の好みによって、選ぶ基準や使い方が違っていると思うのです。

私はダンゴエサを愛用していますが、この理由も単純で、作りやすく、使いやすく、量のわりに値段が安いし、ヘラの寄りもいいようだという理由で選んだだけです。

ダンゴエサにもいろいろなタイプがありますので、初期の段階では何種類か買って使い比べてみました。

「ダンゴの冬」をベースとする配合をメインに位置づけたのは、ヘラ釣りを再開した年の夏でした。釣り雑誌やヘラの本はもちろん、エサメーカーのパンフレットも参考にしました。使い方と比重、バラケ性などが書いてありました。

参考にしたつもりでも、実際は私がメーカーに「釣られてしまっている」と言った方が適切だと思いますが。

袋の説明を読みますと、底釣りでも「ダンゴの冬」単品で十二分に釣りになるように書いてあります。それはそれで当然だと思います。私の基本的態度は、ダンゴの冬単品で「思いのままに」ヘラを釣れないものか、というテーマの追求となりました。

大釣りしたエサが忘れられなくなる

私のその思いは、現時点ではまだまだ実現していません。理由は簡単です。メーカー発行のパンフレットにある配合表どおりに作って使い続けるうちに、たまたま大釣りをしたのです。七〇枚とか九〇枚、一一〇枚の数釣りです。

そのようなことがありますと、言わば金科玉条になります。「もうこれしかない」「エサはこれで決まり」と決めつけてしまう。一度でもいい思いをしますと、それが忘れられないのです。これは誰もが同じだと思うのですがどうでしょうか。

その配合とは「ダンゴの底釣り冬一〇〇cc」+「いもぷに三〇cc」+「水一三〇cc」+「バラケマッハ一〇〇cc」というものでした（注：「いもぷに」は製造中止になりましたので、現在は「イモグル」あるいは「綿グル」を使っています）。

実際に使ってみますと、軽くてハリ持ちがよいエサなのです。軟らかくしたり、押したり、練ったりして使えます。ツナギになるグルテンエサは、配合量を一〇～三〇ccで調節して試してみました。グルテンの量が増えるにしたがってエサ持ちがよくなる、つまりバラケが遅いエサになるようでした。

自信と思い込み

このようなことは、一年も二年も三年も使い続けて初めて実感できることでした。私の成功の原因をひとつだけ挙げるとしたら、失敗しながらも、あるいは釣果のアップダウンがどれほど大きくても、ただひたすら同じエサを使い続けたことだと思います。

そうしますと、ときどきは大釣りできることがあるわけですから、変な「自信」というか「思い込み」とでもいうのでしょうか、「なあんだ、これで釣れるじゃないか」という気持ちになるのです。

ですから、ますます同じパターンのエサ作りで釣りを続けたのです。

ときには気になるエサがある

まだ試行錯誤の途中だった二〇〇八年の初夏のことです。私は八〇歳の長老と並んで釣っていました。水光園という釣り堀を最初に教えてくれた方です。

たまたま、長老がいいペースで釣っていました。アタリの回数が私よりはるかに多い。空振りやスレがかなり含まれていたものの、釣れてくる数は私とどっこいか、時間によっては私よりも多かったりするのです。

似たようなことが以前にもあったのですが、そのときはどういうわけかとても気になり、配合を教えてもらって自分で作ってみました。市販のエサをブレンドする方法だったのですが、ブレンドの経験がない私には「使い慣れないエサ」であり、とても違和感を覚えましたので元のエサに戻しました。

しかし、気になるエサというものは、いつまで経っても気になります。単独釣行のとき、釣果のダウンを覚悟の上で使い続けてみました。たまたまだと思いますが、二ヶ月間に一〇〇枚超の日が八回あって、月平均で一〇〇枚以上／回という実績になったわけです。

参考のため、配合を記します。

（ヘラスイミー一＋水一・五）＋（ダンゴの冬一＋ダンゴの夏一）＋（バラケマッハ一）

このブレンドは、水温・季節・その日の気候に応じて水を加減したり、ダンゴの夏冬の割合を変えたり、マッハを増量したりと変化がつけやすいのです。

また、基本配合どおりであっても、小分けしたものにマッハを増量するとか、元のエサを三〇～四〇回練り込むとか、手水を打って比重を重くするとか、いろいろなことができます。こうした工夫は私だけでなく、どなたもおやりになっていると思います。

真冬に両ダンゴで釣る

二〇一〇年の真冬は、ダンゴエサで釣り続けてみようという計画を実行しました。初めての挑戦で、言い換えれば未経験の領域ですから、いろいろなデータ収集の日々であるわけです。ダンゴエサで釣り続け、「使い慣れ」の状態を作り出そうとしました。

釣果のアップダウンは覚悟の上ですが、過去四年間の真冬の平均釣果を超えるように努力しました。

具体的な目標は、平均釣果で三〇枚／回、数としては一日五〇枚以上というものです。結果は、一月と二月と一二月で釣行二七回、釣果二〇八七枚、五〇枚以上二三回（一〇〇枚以上七回含む）、平均七七枚／回と好調でした。

釣れない原因の半分は釣り人にある

ダンゴエサにこだわったものの、特別な理由があったわけではありません。過去にレンギョ釣りやボラ釣りなどでダンゴエサになじんでいたことがひとつ。それから、一種類のエサを使い慣れるまではあれこれ手を出すまいと自戒しただけです。もしグルテンエサで始めていたら、きっとグルテンを使い続けたと思います。つまり縁があったかなかったか、縁が薄かったたか、ということだと思えるのです。

エサというものは、ヘラ釣りであっても、このようにとても奥が深いものだと思うのです。エサメーカーが「釣れるエサ」を開発しているのですから、釣り人はそれを信じて使えばいいと思うのです。釣れない原因の半分は釣り人の側にあると思います。

私の正直な気持ちとしては、たったひとつのパターンのエサさえ「使いこなすことができない」のに、他のエサに手を出す余裕なんてとてもとても……というものでした。

釣りの決め手は、エサをどれだけ使いこなせるか、別の表現をすれば、魚の口の中へ直接エサをねじ込むように食わせることができるか、ということだと思えるのです。

エサを食ってもらうのでなく、なにがなんでも食わせてしまうことだと思えるのです。

釣りエサメーカーの開発したエサは、そのようなパワーを秘めていると思うのです。私たち釣り人の側が、そのパワーを十分に引き出せていないのではないかと考えることは間違いでしょうか。

食べごろのエサ

アップダウンが激しい

ヘラ釣りを再開した年の真冬は、三枚とか一二枚とかの釣果が続きました。暖かくなったころ、ようやく二五枚、三〇枚と釣れるようになりました。そのころの目標はアベレージ二〇枚でした。

アタリの出る回数が少ないので、一発必中のアワセを狙いますが、食いアタリでないものも当然あるわけですから効率はあまりよくありません。

最初の年はそれでも通い詰めて、六〇回ほど通ったころの六月から七月にかけて釣果が上向き、一〇〇枚オーバーの日が六回ありました。

ヘラ釣りに関する知識や経験が乏しいものですから、一〇〇枚とか九〇枚とかの釣果の内容を分析する能力に欠けていたと思います。その証拠といいましょうか、一〇〇枚の後に四〇枚とか、三五枚とか、また七〇枚とか、アップダウンが激しいわけです。

そのこと自体は予想していたことでもありました。ハゼ釣りでそのような経過をたどった経験があったからです。

その年の八月末に気管支炎を発症して、八日間の入院を余儀なくされました。釣りも中断せざるを得ず、再開後は三〇枚、四〇枚あたりを低迷し、記憶を呼び覚まそうとしても一〇〇枚を釣ったときの再現がまったくできませんでした。

大釣りを再現するのが難しい

二年目の年は、さらにいろいろなテストを繰り返しました。最高釣果八三枚を記録したものの、まぐれ当たりのような感がして、嬉しかったことは嬉しかったのですが、満足感や達成感はあまりなかったのでした。

それというのも、再現性という点において自信がなかったからです。

三年目になっても同様の状況が続きました。試行錯誤、暗中模索というところです。ある程度の釣果は得られますが、五〇枚とか七〇枚のレベルから抜け出ることができません。アベレージでいうと四〇枚台というところです。

釣り場友だちの話によると、私は「大釣りの鈴木さん」ということになっているそうです。そのような陰口というか評判が立っているらしいのです。そのことが耳に入ったのはごく最近ですが、以前からささやかれていたようです。ときどき「大釣り」するのを見ていたのでしょう。

ただ、このころの私は「再現性」のなさに苦しんでいました。ジレンマとかスランプとかいう状況だったと思われます。

ドンと二目、力強く入り一瞬静止

ヘラ釣りを再開した最初の年に一〇〇枚以上を六回釣った状況を、コンスタントに再現したいのですが、それがなかなかできません。これはとてもとても悩ましい問題です。

大釣りしたときのアタリの大半が、ドンと二目ほど力強く入って、一瞬静止したような瞬間があるアタリでした。そのアタリを再現しようと夢見ていたわけです。

三年目の九月初めのこと、ふと思いついて実行したことがあります。足元の桟橋下にヘラが寄りついて、こぼれエサをパクパク食べます。ヘラはそれを期待して待っているのです。そのヘラの口の大きいこと。ときどきヘラと目が合います。水の中からジーッと私を見ているのです。

足元のヘラたちに、遊び半分でエサを丸めて与えました。観察というほどのことでもありません。ただ、食べるさまが面白いので遊んでいただけです。

ヘラが吐き出さないエサ

ところが、あることに気づいたのです。ヘラはエサを吸い込んですぐに吐き出す習性を持っており、これは釣り師にとって常識といえば常識です。足元のヘラがエサを吐き出す様子も、ごく当たり前のこととして見ていたわけです。

そのとき「吸い込んだまま吐き出さない」現象を目にしました。オッと思いました。

そこで、吐き出さないエサとはどのようなものか、テストしてみたわけです。

この実験は「大正解」でした。ヘラが吐き出さないエサは「食べごろのエサ」なのです。これは私がつけたネーミングです。

「食べごろのエサ」を、ウキがなじむときにヘラの口元へ落とすことができたら、スパッと吸い込んでくれるだろうという想像が働きました。

吸い込むだけで吐き出さないのですから、アタリは大きくしっかりと出て、しかも一瞬ウキが静止するだろうと考えたのです。

つけたエサと食べるエサは違う

そのようなエサとはどのようなものなのか。テストの結果に基づいて、理想的な硬さと思われるエサを作っては釣ってみました。もちろん試行錯誤しました。

食べごろのエサとは、ウキのナジミが出た時点で食べごろになっていることが大事なのであって、ハリにつけるときはまだ食べごろではない。このポイントに気づくのに時間はかかりませんでした。

その結果、二〇〇八年九月、一〇月の二ヶ月間で一〇〇枚オーバーを八回記録。最高一四二枚、次が一三二枚で、平均釣果は一〇一枚にはね上がりました。

私のエサはダンゴエサですから、厳冬に向かう一二月はどうなるのか、そのときには見当がつきませんでした。釣り場友だちは、段底にしようか、ウドンエサはどうだ、感嘆がいい、いや力玉だと議論しています。

私は厳冬でも一〇〇枚釣れないものかと思っていたので、ダンゴエサでは釣れないと明らかになるまで使ってみることにしました。

仮に一〇〇枚に届かないとしても、どのようなことになるのか、その結果に興味があったわけです。

真冬にダンゴエサで釣るなんて、あまりに常識ハズレでしょうから。
(注)二〇一〇年冬期の一〇〇枚超え記録は以下の通りです。一月に一回、二月に二回、一二月に四回。平均七七枚/回という好釣果を出しました。
(注)真冬のダンゴエサをハリにつけるときの状態は、「つきたてのモチ」のような感触がいいと思って実行しています。私がつけたネーミングは「ウドンエサのようなダンゴエサ」というものです。釣りは、ウドンの釣りのイメージで釣るのです。

エサは二つついていますから！

どのアタリであわせるか分からない

釣り堀でヘラ釣りをしていますと、ギャラリーが集まることがあります。

時にはいい相談相手であり、時にはうるさくて気になる存在です。釣り堀では、お客さんのことを考えてギャラリーは禁じているのですが、それを無視して馴れ合うこともあるわけです。通りがかりにちょっと覗いて「どんな按配ですか」と聞く程度なら、まあご挨拶ですからいいと思うのです。

顔見知りの釣り人が私のウキを見て「アタリが多すぎて、どのアタリをあわせたらいいのか全然分かりません」とおっしゃいます。

たしかに、私のウキは動きが激しいのです。私が平然と見逃したアタリに、その人はアッと声を上げます。

「あたしならあわせた」

「エサは二つついていますから」

私の答えはエサ使いと密接に関係した言葉です。でも、そのことはギャラリーには分からないことですから、私が小馬鹿にしたように聞こえることもあるようです。

チャンスは二度ある

私の仕掛けには、上バリも下バリも同じエサをつけています。どちらかのエサを取られても、もう片方のエサが残っています。ですから、食いアタリと思えるアタリを見逃したとしても、もう一度のチャンスを静かに待てばいいのです。

ところが、このエサ使いは一般的でないらしい。あらかたの人は、上バリにバラケ、下バリに食わせという具合に、異なったエサをつけているようです。このとき見学していた常連のお年寄りは上手な人でしたが、エサ使いは私と違っていたのでしょう。

私が「エサは二つついている」と言ったのを、からかわれたと思ったらしいのです。「エサが二っつついてんだってよう」と言いながら釣り座へ戻っていきました。

結論だけを言ったのがいけなかったかとも思うのですが、このようなとき私はいちいち細かい説明をしないことが多く、誤解があっても仕方がないと半ばあきらめています。

上も下も同じエサをつける

私のエサつけは、上下とも同じエサをつけるのが標準です。バラケ用のエサ、食わせ用のエサというふうに二種類は作りません。

したがって初めのうち、ウキのモドリはバラケ用のエサをつけた場合よりも少し遅いはずです。

バラケエサを使ったときは、初めにモドリが早く、バラケてしまうと食わせだけがハリ残りしていて、ウキが戻らずに止まっている状態の時間があると思うのです。このようなエサ使いの方法が一般的なのではないでしょうか。

私はいつも申し上げるのですが、「私のエサは上も下も食わせであり、上も下もバラケでもある」という言い方をします。耳慣れない理論なので、聞いた方はエッとおっしゃいます。

食わせをバラケに使う

上下とも食わせエサをつけていても、ナジミが出てからすぐにエサを切れば、池の底に残されたエサが寄せエサ（バラケ）になると考えられます。ですから、私の手返しは回転が速いのです。その分だけ、ウキの下にエサがたくさん溜まります。一回のエサの大きさは、さほど大きくしなくてもいいのです。つまり、食わせエサをバラケ代わりに打つ振り込みが、間に挟まっているということです。そのことをみなさんはまったく知らないし、おそらく理解を超えているだろうと思うのです。

しかし釣果の実績はありますので、「鈴木さんは釣れているからなあ」と納得したのかしないのか分からない表情をされるのです。

私にとっての「勲章」とは

「常識」「セオリー」「本に書いてあった」「教えてもらった」というようなことは、それはそれで「ひとつの釣り」だと私は思っています。長い歴史のある実績ある釣り方だと思えるのです。どのようなエサ使いをするかによって、その人の釣りのスタイルが決まります。少なくとも私の場合は、バラケ専用エサを作らない釣りです。そこからすべてが出発して今の釣り方があるのです。

「鈴木さんの釣りは参考になんない」と言われたこともあります。私にとってその言葉は「勲章」のようなものです。「アアッ、他人とおんなじことはしていないんだなあ」と逆に嬉しくなったりもします。

参考にならないという言葉にはいろいろな意味が込められているでしょうが、最近では私の釣果が気になる方々が増えてきたようにも思えます。

数だけではない何かを追い求める

私の釣りは、ヘラと勝負することだけですから、その日一日思い通りにヘラを釣ることができたかどうか、その一点が問題なのであって、周囲からの評価は関係ないことです。

釣果だけ見れば、私は二倍も三倍もヘラを釣っているかもしれない。しかし私の目標というか、満足ポイントは別のところにあったりします。納得できるアタリを出せて釣ったものかどうか、そういうシビアな部分に自分のテーマがあり、数だけでない何かを追い求めている自分がいるわけです。

季節によってヘラの状態が違ってくるわけですから、アタリの出方も季節によって違います。四〜五月のアタリ、真夏のアタリ、一〇〜一一月のアタリ、真冬のアタリと、少しずつ違った出方をするのです。少なくとも、今現在の私の釣りではそのような違いが感じられます。

私の目標、希望としては、一年中どの季節でもまったく同じアタリを出し続けることです。これを心から望んでいます。

まだまだ発展段階の初歩

どの季節でも同じアタリを出し続けることができたなら、釣行するたびに一〇〇枚以上を釣る結果になるのです。

二〇一〇年の実績は、釣行九五回で一〇〇枚以上が六三回でした。六六％が一〇〇枚以上だったわけです。

私が望んでいるアタリを出し続けたい、などと考えながら釣っていますと、ギャラリーがアッと声を上げても、「今のはアタリだったでしょ」と忠告してくれても、もう面倒くさくなってしまいます。「エサは二つついていますから」などと、結論だけをついつい言ってしまうことになるのはそのためです。

私のヘラ釣りはまだまだ「発展段階の初歩」だと思っていますので、アタリをとって「カンペキ」などと自己満足の笑顔が出るのは、年に何回もないのが実情です。

自称、力玉流し作戦

力玉は過渡期のエサとして使う

「力玉」をエサとして使う釣りは今でこそしなくなりましたが、ヘラ釣りを再開した年と続く二年間はよくやりました。

それは私が一年中「ダンゴエサ」を使うようになる前の、過渡期のエサ使いだったと思っています。

暖かい季節でさえ満足にダンゴエサで数を釣ることができないのに、真冬にダンゴエサで釣るなんてとてもとてもできない、というように、当時の私は自分の実力を承知していたからでした。

一二月、一月、二月は水温が最も低い時期で、ヘラ釣りを再開した最初の年に、いきなり真冬の釣りをすることになってしまいました。

釣具店で意見を聞いてみました。冬はウドンの釣りがいいですよ、という話でしたが、どう考えても作るのが「面倒くさい」と思いました。私は横着な人間で、エサ作りに時間をかけるとか、神経を使うとかが嫌なのです。出来合いの簡単なエサでいいのです。

そんなことを基準に選んだのが「力玉」と「感嘆」でした。ああ、それでいいや、という調子でした。横着な私にはちょうどよいエサでした。釣具店の人はあきれたのではないでしょうか。選ぶ基準が単純すぎるからです。

上バリに力玉をつける

感嘆を作ってみました。ベトベトベチャベチャ、あっちこっちにくっついてしまって、なんだこりゃあと思いました。作り方も使い方も不慣れでしたので、ろくすっぽ使わずに放置してしまいました。

仕方なく力玉を使いました。力玉にまぶし粉をつけようとしましたがつきません。それでは寄せエサなしで釣ることになりますので「これはまずい」と思いました。

そこで前年の秋に、仲間と釣りに来たときに使っていたダンゴエサを作って、力玉とセットにしました。これはとてもよく、力玉で釣れました。

このときに、力玉を上バリにつけました。食わせエサは下バリにつけるのが「常識」だと思います。発想の転換というほど大それたことではないのですが、大きなアタリを出したかったためにそのようにしただけでした。

力玉を必ず底へ着ける

力玉は軽いので、ハリにつけてウキの沈み具合を見ても、ほとんど、ちょっとしか沈みません。ですから、トップがなるべく細いウドンウキを使いました。ダンゴエサは小指の爪よりも小さくつけました。

タナ取りは、空バリで出る目盛りを水面へ出すようにして水深を測りました。もちろん上バリにタナ取りゴムをつけて測りました。こうすれば力玉が一個しかついていなくても、力玉は必ず底に着いています。

振り込みは、前方へ遠く落とせばナジミが深くなりますので、力玉をつけたハリスは着地して少したるんでいる状態です。真上近くからの落とし込みであれば、ナジミはずっと浅くなります。このときは、力玉のついたハリのハリスはわりとピンと張っていると思うのです。

また、ダンゴエサを大きくつければナジミは深くなります。

動くエサに反応する

私は、要するに「釣れればいい」のであって、ダンゴエサでも力玉でもどちらで釣れてもいいのです。その点では、こだわりはなかったわけです。

でも、ヘラ釣りを始めた初年度の冬は、力玉で「釣ってみたかった」ので、積極的に「力玉流し作戦」を実行しました。これは私のつけたネーミングです。

そのためにダンゴエサを小さくしたのです。ヘラの場合でも「動くエサ」には敏感に反応すると思ったのです。実際に、実釣の場面では、みなさんは、いろいろと「誘い」のテクニックを使っているでしょう。それを自分の手でしないで、風や波や流れにさせただけです。

ダンゴエサがバラケますと、力玉だけが残り、風や波や流れでウキが動きます。これが誘いになるのです。ウキが最初に立った場所から、左なら左に、たとえば二〇センチなどと「流す範囲」を決めておきます。

ヘラ釣りの振り込みは同一ポイントにして、直径三〇センチ程度の円内に振り込むように、などと言われています。そうであれば、三〇センチというエリアは「許容範囲」であると思いました。その範囲内を積極的に活用して「力玉流し作戦」を実行しました。この作戦はとてもよくヒットしたと思っています。もちろん前提として、ヘラがたくさん寄っていることが大事です。そのために、ダンゴエサだけのエサ打ちを積極的に実行したことも事実です。

私の力玉の使い方は「上バリ」につけるのがミソで、もしも上バリがダンゴだと、ウキが戻るまで下バリのハリスは常にかなりたるんだ状態だと思われます。だとすればアタリは小さくなるでしょう。つまり、ダンゴがバラケるまでの「待ち」の時間を嫌ったのでした。私も相当にセッカチな性格だと思います。

一日一〇〇枚という目標の思い立ち

常識ハズレの話

バランスの底釣りで、ヘラを一日で一〇〇枚釣るという目標は、常識ハズレの話だと言われました。中には絶句するというか、あきれるというか、そういう表情をする人もいます。

自分はそんなに釣らなくてもいい、三〇枚も釣れば十分だ、ともおっしゃいます。

漁師じゃないんだからさぁ、とも言う人もいます。

私はなにも、見せびらかしたくて、そのような目標を立てたのではありません。

六年前に、知り合いに連れられて、十数年ぶりにヘラ釣りを再開したときに、思ったように釣れなくて、とても、悔しい思いをしたからです。

ヘラ釣りにも勲章がある

普通、ヘラ釣りを底釣りでしている人たちの「意識」は、真冬には一〇枚も釣れれば上等とか、夏場でさえも三〇枚かせいぜい五〇枚で、七〇枚を釣れば大騒ぎという光景が時折見られます。

七〇枚という数がその人の「勲章」のようになるのです。

ヘラを釣り込んだ人ほどそうだと思いました。それに、底釣りはそんなもんだとか、底釣りは難しいとか、そのような種類の「常識」があると感じていました。もちろん、いろいろと「釣り」の肩書きを持っている人たちは別です。そういうレベルの人たちは、おそらく一日に底釣りで一〇〇枚を釣った経験があると思うのです。

管理釣り場へ通っているときに、これらのような「常識」めいた話も聞かされましたし、そんなものかとも思いました。

でもよくよく考えてみると、この管理釣り場にはどのくらいの数のヘラが「飼われているのか」ということに思い至ったのです。

万単位のヘラが飼われている

釣り堀の経営者にとってヘラは「商品」で、私たち釣り人は「お客」です。客である私の意識はヘラを「釣らせてもらっている」というものです。遊ばせてもらっている、と言ってもいいでしょう。

毎年のように新ベラ放流がされていますが、その量は一トンとか一トン半と聞きます。キロ二枚のサイズであれば型はいいと思います。普通は、キロ三枚程度のサイズだと思います。それであれば数がたくさん追加できるからです。

キロ二枚で一トンだとすると、計算上は二〇〇〇枚ということになります。キロ三枚のサイズであれば三〇〇〇枚です。

私などの素人考えでは、新ベラ放流が毎年あるということは、年間の「ヘラのロス」が二〇〇〇枚程度あるものと思われます。病気その他でヘラが死ぬからです。一日平均で五枚ほどはロスがあるということです。

では釣り堀の池の中にどのくらいの数のヘラが常時飼われているのかということですが、これはたぶん企業秘密でしょう。憶測するしかありませんが、おそらくは一万とかいう万単位の数字だと思うのです。少なくとも数千という数はいるでしょう。

もちろん、池の規模によってはもっと少なくなると思います。釣り座が一〇〇席程度の管理釣り場で試算してみました。

一〇時間釣って三〇枚というのはおかしい

もしも一万という単位でヘラが飼われているとしたら、一〇時間釣って「一〇枚」「三〇枚」という数字は「おかしいのではないのか」と思ったのです。

目の前の足元の水の中に、数千あるいは万単位のヘラが悠然と群遊しているからです。

それなのに、そういう「常識」めいた話が通用していること自体が信じられなかったのです。一日に一〇〇枚釣れてもおかしくない、それだけの数のヘラが池の中にいるのだ、という認識が心の中に芽生えてきたわけです。

実際に、宙釣りをしている人たちは一〇〇枚、二〇〇枚を平然と釣るわけです。もちろん宙釣りでも下手な人たちがたくさんいます。本当に上手だと思える人は少ないです。それでも宙釣りの人たちは、底釣りの人よりもたくさん釣っていきます。

宙釣りは底釣りの倍を釣ってトントンという話も聞きます。底釣りの人の悔しまぎれの言葉なのでしょうが、それだけのヘラがいることだけは確かなのです。

底釣りは宙釣りとは違う、底は難しいから、という意見もあります。そのような「常識」もあるのでしょう。

しかし、底釣りで一〇〇枚釣れてもおかしくない数が飼われているのに、釣れない、釣らない、釣ろうとしない、これが私には一番信じられないことだったのです。

目標を持って実行する

私は知り合いに「一日で一〇〇枚を釣ってみたい」と言いました。結論だけをストレートに口に出したのです。これまた、びっくりされました。

それは、私がハゼ釣りの稽古を始めたとき、「一日で一〇〇〇尾を釣ってみたい」と言ったときの反響にとてもよく似ていました。

結果は、この五年間で一〇〇枚以上を一一六回ということになりました。今回は「考え方」だけのお話になりましたが、やればできることを実感しています。

大切なのは目標を持つことです。あとは挫折することなく、実行するだけではありませんか。

一万時間

年八〇回で一二年かかる

先日のこと、愛妻が急に言いました。

「どんな習い事でも一万時間習うと名人になれるんだって」

えっ、それって何？　と訊きますと、テレビでやっていたというのです。

ということは、一回一〇時間ヘラを釣るとして、一年に八〇回やれば八〇〇時間です。私はまだ五年しか経験がないから、ざっと四〇〇〇時間だなあと暗算をしました。

愛妻の言う通りであれば、一万時間に達するまでにあと七年半はかかる計算になります。

まあ、今の私の実力からいけば「妥当な」結論かと思うのです。

愛妻の計算では、一日三時間、三六五日休まずに稽古すれば約一〇〇〇時間だから、一〇年で名人になれると言います。

ヘラに負けたくない

ここで言う「名人」とは、少なくとも私の「目標」であるわけですが、それはどのようなものかと言いますと、「管理釣り場である水光園へいつヘラ釣りに行っても、いつでも当たり前のように、底釣りで一日に一〇〇枚を釣り上げる」という実力を会得した状態のことを指しています。

管理釣り場ですから、ヘラはイヤというほど飼われています。

私の当初からの気持ちは、「ヘラに負けたくない」「ヘラに馬鹿にされたくない」「ヘラと勝負する」というものでした。

入園料を払って、一〇時間釣って、釣果が三枚とか二〇枚というのは「おかしい」と思ったのです。

おかしいというのは、そのような釣果を疑うことなく、いろいろと理由をつけて自分を「納得」させていることがおかしいという意味です。

釣果は釣り人の数によって相対的

それは、一概にすべての釣行に当てはまるとは言えません。

その釣り堀に一〇人しか釣り人がいないときと、一〇〇人も入っているときでは、一人当たりの魚の「配当」が当然違いますので、一〇〇枚を釣るのはとても大変なことだと思うのです。

そのようなことを考慮したとしても、今日は寒かったからとか、休日でとても混んでいたからとか、風とか雨とか雪とか天候がよくなかったからとか、いろいろなことでアクシデントがあったとしても、一日釣っていて五枚とか一〇枚というのはおかしいと思ったのです。

釣り堀の経営者にとっては、釣れない人が多い方が魚は傷まないし、エサも釣り人が与えてくれるので、こんないいことはないのです。

釣り人の側では「寒い季節はこんなもんだ」と初めっから割り切って納得して、春になるまで待とうという人も実際におられます。そのような方は、真夏になりますと「ヘラが上ずって釣りにならないから、秋になるまで待とう」とおっしゃるわけです。

このようなタイプの方も多いわけで、そのことを私はどうこう申し上げているつもりはありません。ただ、私としてはそのような達観した心境にはまだまだなれないでいるわけです。生臭いというか、悔しいというか、ヘラに馬鹿にされたくないというか、そんな気持ちが強いわけです。

熟成して身につくまでの稽古の量

なんとなれば、ヘラがいかに利巧だと言っても、たかが「畜生」だと思うのです。霊長類の最高峰に位置する「人間様」が「畜生」に負けるわけがない、という気持ちです。

まあ、このように「息巻いたとしても」、釣果がそれに伴いませんと、負け犬の遠吠えということになりかねませんので、それはそれで、現実は厳しいわけです。

こんなことは、二二年間江戸川でハゼを釣ってきて、何度も経験してきたことですので、少なくともヘラ釣りでの私の到達点が、ハゼ釣りと比較して、ハゼ釣りのどの程度の位置にいるのかという見当がおおよそつくわけです。

すると、一万時間のうちのたったの四〇〇〇時間か、というわけです。たとえ一日に一〇〇枚を釣った実績が増えたとしても、それが「熟成して身につくまでの稽古の量」にはほど遠いという実感がしています。

しかし、逆に一万時間という概念に縛られるのもこれまたよくないのではないのかとも思っています。

何年間で何枚釣ったか

ヘラがたくさん釣れると嬉しい

ヘラ釣りの上達を目指さない人とか、釣れなくたっていいや、と言える人とか、そんなにガツガツ釣んなくたっていいだろうにとか、漁師みたいだねとか、表現の違いはあっても、数を釣る人に対して、いろいろとおっしゃる向きもあります。

そのような方たちであっても、ある日、ヘラがたくさん釣れたりしますと、喜びをまきちらすことがあります。釣りをする人にとって、大漁にまさる喜びはないのです。

管理釣り場のヘラ釣りでは、釣り堀が営業用のヘラを飼っているわけですから、ヘラを大切に扱ってくれる釣り人であれば、経営者にとってお客さんとして最高の人であるわけです。

エサの量と釣果は比例する？

しょっちゅう釣りに行っていて思うことですが、一日釣って一〇枚など、比較的釣れない人は、ヘラにエサをやっているばかりです。でも、よく観察していますと、釣れない人は使うエサの絶対量も少ないのです。ヘラ釣りをやり始めてそのことにいち早く気がつきました。

ですから、私が一日に八一枚釣ったときでも、同じ日に同じ場所で二〇枚釣った人と比べたら、使ったエサの量は私の方がだいぶ多かっただろうと思うのです。

ということは、使うエサの量と釣れるヘラの数はある程度比例するのではないかと考えたりします。

こうなりますと、ヘラをたくさん釣る人とヘラが釣れない人の、どちらもが大切なお客さんということになると思うのです。飼っているヘラにお客さんがエサをくれてやっているからです。

何年で何枚釣ったかという尺度

私が数字にこだわるのは、数字というものは、釣り師の「腕」を正直に示してくれると思うからです。

特に、何年間で何枚のヘラを釣ったという数字は、上達の尺度としてはとても測りやすいものだと思うのです。

私が司法書士試験の受験勉強中に、若い受験生たちが「大学の図書館で八時間勉強した」「どこそこの図書館に一日いて勉強した」などと会話しているのを見聞きしましたが、これと同様のことだと思います。若い彼らは、私が合格した年度には合格できませんでした。「八時間」とは図書館の中に「いた」時間でしょう。身を入れて勉強した正味の時間とは違うと思うのです。司法書士の国家試験に合格するには、「合格できるだけの量の勉強」を「したかしなかったか」というただ一点なのです。勉強量は時間と密度で決まります。足かけ三年でやりきるのか、五年もかけるのか、その差は密度が関係してくるのです。ここで言う密度とは、緊張感を表現したものです。

極度の緊張感を持続できる期間はおおよそ三年が限界でしょう。ですから、私の受験対策は三年を上限とし、それ以上は体力も気力も金力も続かないという前提で受験勉強に取り組みました。現役の職業人としては、ただ長くやっていればいいというわけにはいかなかったのです。

その経験があるものですから、ヘラ釣りにおいても似たような発想をします。

実感がジワリ

ヘラ釣りで一番大切だと思ったことは、一年間でどれだけのヘラを釣ったかという「量」の問題でした。勉強も釣りも、どれだけやったかが尺度になります。

そこで、ヘラ釣りでは年間二〇〇〇枚、一日一〇〇枚、アベレージ五〇枚という目標を立てました。

それもこれも、ヘラに馬鹿にされたくない一心からでした。釣りをする以上、ヘラを「思いのままに」釣ってみたかったのです。

少なくとも、水光園という管理釣り場、一〇尺ザオ、ダンゴエサ、バランスの底釣りなどの条件下で、どうやらこうやら、ヘラに馬鹿にされない釣りができるようになったのかなあという実感が、ジワリと湧いてきた気がしている昨今です。

これからの目標の中心は、春夏秋冬いつ釣行しても一日一〇〇枚を釣れる実力を会得することに変わっていくのだろうと思います。

「石の上にも三年」の期間を過ぎ、私のヘラ釣りも次のステップへ進むのだろうと思っています。

その場合でも、どれだけの数のヘラを釣ったかという尺度は、釣技の上達にとって重要な目安になるのです。その最低数は年四〇〇〇枚と考えています。

その数字にこだわるのは、私が「生涯現役の釣り師」でありたいという願望があるからです。

もちろん、私が「健康で」「身の回りに変化がない」という条件が必要ではあるのですが、先のことは不透明ですし、私もだんだんと「年」になりますので、先がないということで、若い人たちがうらやましく思えるときだってあるのです。

空振り一〇回ヘラ一枚

空振りは恥ずかしくない？

釣り堀でヘラを釣っていて、空振りをすることは少しも恥ずかしくないと思うのです。

このことを書くのは、みなさんの様子を拝見していて、「必殺」のアワセをされているのではないのだろうかと思えるときが、ずいぶんとあるからです。

そのような方に限って、アワセまでの待機の時間が長いように思えます。おそらく、気に入らないウキの動きを「見逃して見逃して」あわせるわけです。その場合の空振りというのは、ずいぶんと悔しい思いをされると思うのです。

「空振り一〇回ヘラ一枚」とは、私の一種の「比喩」です。空振り一〇〇〇回ならヘラ一〇〇枚。私が一日でヘラを一〇〇枚釣ったときは、空振りを一〇〇〇回ほどはしているという比喩です。実釣ではそこまで多くないだろうとは思いますが。

念のために申し上げておきますが、空振りを勧めているのではありません。拝見していると、上手だと思える人ほど空振りが少ないと思えるからです。

意識的にする空振りもある

実は、空振りというものは悔しい空振りもあるし、意識的にする空振りもあるのです。意識的にしているときは、次にくる食いアタリが「予測」できますので、それを「期待して」いるわけですから、胸をワクワクさせて次の振り込みをしているのです。これは「楽しい」空振りと言えるでしょう。

一日で一〇〇枚釣りたいと思い立ったとき、ハイテクのひとつとして私が多用した釣技のひとつが空振りでした。これは他の魚種の釣りでも応用できるものです。つまり「積極的に空振りをする」ということです。

ウキの下にヘラを集める

ヘラでも、一日一〇〇枚とかを釣ろうとすれば、仕掛けを投入する範囲内に「常に」魚を寄せておく必要があるわけです。

小さなエサでじっくりと、上ずらせずにヘラのアタリを待つ、というスタイル（けっこう多くの方がこの形です）で大釣りできる条件というものを考えますと、①仕掛けを投入するポイントがヘラの集合している場所であること②あるいは、ヘラが集合している場所でないとしても、そこがヘラの回遊地点であり、しかも常時、ヘラが動いていること（①②を満足させるために長ザオを使う人や、釣り座にこだわる人もいます）③周囲に宙釣りや段底釣りの人がいないこと、などが考えられます。

釣り堀では、自分の周囲に宙釣りや段底釣りの人が座ったとしても、そのことに関して異議を唱えることはできません。

テスト中は一〇〇枚の次に五〇枚とか

宙釣りとか段底釣りの人と五分の釣りができたら面白い、と思うようになったのは、アタリの頻度の違いからでした。

宙釣りや段底釣りの人たちのバラケというものは、底釣りの私と比べると、はるかに量が多いように思えます。

ですから、底釣りで宙釣りや段底釣りと同じようにヘラを寄せようとしたら、エサの使い方をもっと工夫する必要があると思ったのです。

そのひとつに、空振りというテクニックがあったわけです。

それからというものは、どのような空振りというものが効果的なのか、季節によって違いがあるものなのか、その場合のエサ作りというものはどのようなものが適当なのか、というようなことが課題となりました。

ウキ、エサ、ハリその他、いろいろなテストを繰り返してきましたが、ダンゴのエサ作りと使用方法もそのひとつでした。

それは、効果的な空振りとは、というテーマとセットになったものだったと思います。ですから、一〇〇枚の大釣りをした次が五〇枚ということも、テスト期間中はけっこうあったわけです。

エサ打ちを多くした方がいいこともある

空振りについてひとつだけ申し上げてみれば、食いアタリが急に少なくなる現象が時にあります。それを「上ずった」などと思わないように、最近の私はなってきました。つまり、食い気のあるヘラがいなくなった、あるいは少なくなった、ヘラが移動してしまった、池の底を向いてくれるヘラがいなくなった、などと考えるようにしているのです。

上ずったと考えた場合（実際はそのような現象だったかもしれません）、バラケを控える、エサを小さく硬くつける、トイレや昼食で時間を空ける、などをする方が多いと思うのです。実際に最初のころの私はそのようにしていた時期がありました。

でも、私がこれまでに周囲を観察して得た結論は、寄せエサを積極的に打つべきだということでした。そして、それを実行したのです。好成績を出せました。

ウキが動くが食いアタリではないとか、ウキが動かないなどのときは、エサ落ちまで戻るのを待たずに、たとえば五〇カウント（一カウント約一秒強として）でエサ落ちでも、三〇カウントとか二〇カウントでエサ切りをしてしまいます。

そのようなことを五回なり一〇回なり手際よく繰り返しますと、アタリが出るものなのです。もちろん、そのようなときのエサは、たとえば、マッハを増量するとか、あるいは握らずにラフにつけるとか、ペチャペチャに軟らかくしてつけるとか、ともかくヘラに対するアピールを強くするようにしています。

食いアタリが出たと思ったとき、あるいは次は食いアタリになると感じたときは、すぐさまコンスタントに釣れていたときのタッチのエサをつければいいのです。

一分に二回の空振りは標準ペース

このように、いかに、上手に空振りをするか、ということで釣りをしていますと、同じように底釣りをしている人よりは、サオを上げる回数がずっと多いわけです。

そのことを、空振り一〇回ヘラ一枚と表現したわけです。私は五分に一枚のペースで釣りたいという願望を持っていますので、一分に二回の空振りは標準ペースです。アタリが出ているときはそれ以上のハイペースだと思います。そうなりますと、一回あたりのハリにつけるエサの量が少ないとしても、トータルでは宙釣りや段底釣りの人に匹敵するエサの量を打っていることになるだろうと思っています。

私のダンゴエサは、エサが底に着いてから三〇～四〇カウントでウキが戻るようにし、パチンコ玉かそれよりも小さくハリにつけるなどの対策をしています。

カウントする

一カウント一秒ほど

エサが池の底に着いてから一、二、三、四、五と心の中でカウントします。カウント一は一秒という考えでいます。アタリが出る時間、食いアタリまでの時間、エサ落ちまでの時間などが分かるわけです。

このことは、私にとってとても重要なことです。

アタリのパターンが分かってきますと、カウントしながら、次のアタリのカウントを予測できるようになるのです。五、六、七、そらきた、というわけです。

予測したカウントでアタリがないということは、どのようなことがポイントの周囲で起こっているのか、思考することができます。

それは必然的に、ヘラの動きを予測することにもなると思うのです。

底に溜まったエサの周囲を回遊しているのか、仕掛けからやや離れているのか、頭を外側に向けているのか、あるいは尻尾を上にして頭を下に向けているのか、バラケたエサを食べ尽くしてしまっているのか、底からやや上にいるのか、ポイント周辺のヘラの絶対数が少ないのではないのかなどなど、いろいろと思うわけです。

トイレに立つとヘラがいなくなる

トイレに立ったごくわずかな時間、新しいエサを作っている時間、仕掛けを取り換えていた時間など、短い時間であっても、次のエサ打ちをしますと、それまでとウキの反応時間が違います。つまり「ヘラがいなくなっちゃってる」と思われる現象があります。

このことは、管理釣り場（釣り堀）ではよく体験することだと思います。ということは、ヘラは何匹いようとも、かなりのスピードで就餌しているのではないかと想像されるのです。

ですから、アタリの出方が少ないとか、アタリが途切れるとかということは、たぶん、底にあるエサの量が不足していることが一番の原因であって、ヘラが近くにいないからではないと思えるのです。

もしも、ヘラの就餌速度が想像以上に速い、エサの量が不足気味、ということがアタリの回数の多少に関係しているという推測が、当たらずとも遠からず、という意味で的中しているのであれば、私が釣っているピンポイントへ、間断なくエサを打ち込んでさえやれば、アタリが途切れることはなく、アワセの回数もコンスタントに維持できると思ったのです。

ウキが動くと嬉しくなる

このことに思い至ってからは、手返しのスピードが速くなりました。一秒でも早くエサを池の底へ着けてやろうとしたのです。

このことは功を奏して、釣果の上昇となって表れました。

周囲の人からすると、私のウキは動きっぱなしに見えるようです。人によっては、鈴木さんのウキはどこであわせたらいいのか全然わかんない、とおっしゃいます。

ウキが動くのをジーッと待っていて、チクッと入るアタリをあわせるという釣り方を主にしていますと、私のウキの動きに目が回ってしまうわけです。

私自身は、しょっちゅうウキが動いていますから、そのこと自体は歓迎しているわけです。ウキの下にヘラが集まっていることが確認できるわけですから、精神的にもとてもいい状態でいるのです。

そのような状態を作り出す、作り出せるようになった、ということに喜びがあるわけです。

ウキが静止した直後のアタリをとる

そうなりますと、次の課題は、どのアタリが食いアタリなのか、という見極めということになりました。

私は、食いアタリのパターンを六種類に分類していますが、実際に待っているアタリは三種類で釣りをしていることが多いのです。

力強くドンと入るアタリ、食い上げ、ウキが戻ってきてからはチクッというアタリです。もちろん、エサの状態とヘラの寄り具合でアタリの出方が違います。

でも、ウキが動きっぱなしのときに何でもかんでもあわせているのではありません。やはり、一瞬でもウキが静止した瞬間があり、その直後のドンと入る力強いアタリを夢見て待っています。

ですからカウントしていても、朝一と、日中と、夕マヅメどきでは、アタリの出る時間差がありますし、ウキの動きも均一ではないわけです。

また、風があって波立っているとき、曇りのときと晴天のとき、水温の高いときと低いときなど、自然条件によっても違うと思っています。

その日の始まりの様子から、今日はカウントいくつくらいでアタリがとれるかなと考えて、それが的中したときなどはとても嬉しいのです。そんなときは、だいたいが大釣りできるのです。

一時間で一二枚平均ということ

五分で五回釣れるチャンスがある

六時から一六時まで、一〇時間釣って一〇〇枚ということは、一時間当たり平均一二枚のペースがどうしても必要でした。

一時間に一二枚ということは、八枚くらいのときもあり、一五枚の時間もあるということです。三〇分で五枚が私の最低目標でした。

一時間で一二枚と言いますと、五分で一枚の計算です。もちろん、入れ食いのときはもっとペースは早いのですが、五分をどのように使うかということでした。

一分で一回あわせたとしますと、五分で五回釣れるチャンスがあるわけです。もしそのペースを作るとしたら、エサは少なくとも一分は持たせなくてはなりません。

周囲を見渡しますと、六〇秒以上もじっと待っている人がけっこういるようです。そのようなセオリーを作り、あるいは、持ち、ご自身の釣り方とされているわけです。

それはそれでいいと思うのです。釣りというものは、十人十色でいろいろとあっていいと思うからです。

三〇秒で一回アタリをとる

ところが私の場合、一日にバランスの底釣りで一〇〇枚釣ってみたいという気持ちになりましたので、先輩に教わったことや、書籍で読んだ知識に、プラスアルファが必要だったと思うのです。

少なくとも、「これまでに得た知識の延長線上」では、なかなかに難しいと思いました。しかも、「いつも一〇〇枚を狙う」という釣りですと、どちらかといいますと、「非常識」などといいましょうか、少なくとも一般的にヘラを釣りにこられる方々の認識からすると「非日常的な釣り」であるわけです。

「非常識な釣果」を狙うのであれば、トレーニングというか稽古というか、釣るための私なりのセオリー作りというものは、常識の範疇からはみ出しても不思議ではないと思ったのです。

そこで私は、三〇秒以内で一回アタリをとる、ということにしました。つまり、エサをつけて、振り込んで、エサが着底して、ウキがなじんでからエサ落ち目盛りが出る（エサが完全にない状態）までが三〇秒ということです。ですから、サオは一〇尺と限定したのです。手返しが早いからです。

付け加えますと、エサが着底するまでに一〇～一二秒、着底してからサオを上げるまでが二〇秒程度という意味です。実釣では、エサが着底してから三〇秒程度までは待っていることもあります。

三〇秒持てばよいエサ作り

そんなわけで、実釣ではウキがなじんでからエサ落ちまで、およそ三〇秒持てばいいというエサ作りをしたわけです。それ以上の長い時間を待つ必要がないからです。

実釣では、ウキがなじんでから二〇秒以内でアタリを出せるようにしています。ナジミから五秒程度で出るアタリはドンと二目ほど入る見事なものです。

それでは、五秒などという時間は、どのようにして計測するのでしょうか。

私はヘラ釣りでも、動作や道具など、できる限り単純化（シンプルに）したいと思っていますので、腕時計を見るなどということはしないのです。小道具は少ないほうがいいと思っています。どうするかといいますと、ナジミを確認したら、一、二、三、四、五と心の中でカウントするわけです。カウント一が一秒というわけです。実際の一秒とは合致しないかもしれませんが、まあ、だいたい同じだと決めてかかっています。

私の場合は、少なくとも、二〇カウントまでの間に勝負したいわけです。実際はまだエサが残っていることが多いと思うのですが、エサ落ちが出たら、なるべくサオを上げるようにしています（エサ落ち目盛りが出てからも最後の勝負をするという場面も実釣では条件次第であるのです）。

このようにしますと、五分間で一枚も釣れない場合では、一〇回前後のエサ打ちをしていることになります。ヘラを寄せる、という意味のエサ打ちとしては、ペースのよいエサ打ちだと思っています。

食べごろのエサが必要

二〇秒で勝負する場合のエサは、六〇秒も七〇秒も溶けないでいるエサというわけにはいきません。二〇秒でふっくらとふくらんで、ハリが抜けかかるエサが理想でした。底に残ったエサは、ふくらんでふわふわとした感じでいてほしいのです。池の底にごま塩をまいたようなバラケ方のエサでは私は不服でした。

といいますと、どちらかというと、しっとりタッチになります。かつ、少しばかり、粘りがあって水面から底までしっかりとハリについているエサであって欲しいのです。

私の希望は、ウキのナジミが出た瞬間のエサの状態が、ヘラが一番食べごろのエサになっていて欲しいということです。であれば、一瞬でヘラが吸い込むと思うのです。

私がいう「食べごろ」ということの意味は、ヘラがエサを吸い込んで、「すぐに、瞬間的に、吐き出さないエサの状態」ということです。

私は、ヘラにエサを吐き出して欲しくないわけです。少なくとも、咽喉の奥まで安心して吸い込んでもらいたいと思うのです。そのようなエサ作りをしたいのです。これは私の願望であるわけです。

入ったウキが静止している

そのようなエサであれば、なじんでから五〜六秒でドンとしっかりと入るアタリが出るのです。しかも、一瞬ですが、「入ったウキが静止している」ことが確認できます。そんなときは、たまたまサオから手を離していたとしても、よそ見をしていたとしても、よいしょっ、ということで間に合うことが多いのです。

エサ作りはとても難しいと思うのですが、ヘラが食べやすい軟らかさであって、かつ、ウキがなじむまでにしっかりとハリについていること、なおかつ、底に着いてから三〇秒以内にエサ落ちがしっかりとでること、ボソでなくしっとりであること、多少は練っても使えること、など、矛盾するいくつかの要素を満たしたいと思っているのです。

「一年中いつでも一時間当たり一二枚を釣る」という目標を達成するには、まだまだ解決しなければならない課題があると思っています。

非常識な目標に立ち向かうには、非常識な釣技が求められると思っています。

その釣っている様子は、他の人たちからすれば、とても変わっていると見えるのではないでしょうか。

他の人と同じことをしたのでは、他の人たちと同じような釣果で終わると思うのです。

一〇枚／一時間の壁

計算と実釣

バランスの底釣りで一日に一〇〇枚を釣ってみたいと思い立ったとき、どうしても超えなければならない壁がありました。

釣り時間は最大で一〇時間ですから、一時間当たり一〇枚を釣る必要があるという「計算」になります。

実際には一時間に七枚のこともあるし、一五枚のこともあります。一〇時間通して平均一〇枚ということです。

ですから、ヘラがよく釣れている時間に一時間で一五枚とか二〇枚とかを釣ってしまう、あるいは、それが二時間続いたり、間をおいて、また、そのような時間帯があったりとかするようであれば、ゆうゆうと一〇〇枚に達するわけです。

そのようなことが可能な釣技というか腕といいますか、そのような技量になっている必要があるわけです。つまり、釣れはじめたら一〇分とか二〇分とかの時間に「ガバッ」と一〇枚ほどを釣ってしまうとかいうウデです。

それは、言い換えれば一二枚／一時間という考え方です。この場合には、一時間に八枚のこともあるし、一五枚のこともある。それに、時間によっては一時間に二〇枚以上の時間が巡ってくる、ということが期待できるわけです。これが現実化しますと、八時間で九六枚という数字が出てきます。ですから、一日一〇〇枚という釣果を夢想したときに、どうしても、一〇枚／一時間では午後四時になったとき、どうしても九五枚しかいないとか、九八枚でオワリとかになってしまうのです。

瞬間風速が二回必要

ここで大きな課題があって、釣れたはずの時間なのに一時間一〇枚で終わってしまったのか、それとも、二〇枚をゲットできたのか、という問題です。これは過去に何度も一〇〇枚以上の釣りを経験しましたが、いずれの場合でも、「瞬間風速」と私が表現するバカ釣れの時間があるわけです。それが一日に二〜三回ほどあるわけです。必ずしも一時間に一二枚のペースがだらだらと終日続くわけではないのです。

ですから、瞬間風速の釣果を一〇時間のうちに何回か作り出すことが一〇〇枚釣りのコツになるわけです。最低でも二回は必要だと思っています。それが午後二時あるいは午後三時には一〇〇枚に達することができる必要条件だと思うのです。

一時間に一〇枚といっても、それが自身の最高釣果だという人と、それは自分の平均ペースだという人とでは大きな違いがあります。一日一〇〇枚を目指すときは、まず、最低限として一〇枚／一時間を釣れるキャリアが必要です。それも一〇時間を通して、という条件です。

ヘラのよく釣れる時間帯といいましょうか、食いが立つ時間というものがあって、「いいとこどり」の時間帯を狙って釣れば、実力のある人であれば一〇枚以上／一時間は十分に可能だと思うのです。しかし、食いの悪い時間もあるわけですから、一〇時間という「長丁場」でアベレージ一〇枚を維持するのは大変なことなのです。

ましてや、一二枚／一時間という釣果はなかなかに難しい数字であるわけです。しかし、これを意識して挑戦しませんと、午後二～三時の時点で一〇〇枚に達するということは不可能なわけです。

ピッタリの数字は気持ちが悪い

実際に釣りをしていて、一〇〇枚にカウンターがなったときはとても嬉しいものです。数え間違いなどがあるかもしれませんし、数字があまりにピッタリでは気持ちが悪いものですから、残り時間で五枚でも一〇枚でも上積みをしようと努力しています。

また、一二枚／一時間のペースが作れなかったときの保険の意味で、残りの一～二時間はとっておきたいわけです。このところ、どうやら、そのような現象が作り出せているようです。

そうはいっても、ヘラは生き物ですし、自然が相手ですから、いつ、しっぺ返しを受けるかわかりません。それは覚悟の上での釣りですが、願わくば、そのようなことがないように天に祈るのみです。

軟着陸と食いアタリ

水中遊泳と軟着陸

ヘラ釣りにチャレンジしたときに、最初に思ったことは、ハゼ釣りの技術を応用できるのではないかということでした。

エサをつけた二本のハリが、池の底に着いたときに、すかさずヘラがエサを吸い込むことをイメージしたわけです。

このことは、私のヘラ釣り技術の「絶対的な未熟さ」から、なかなか実現しませんでした。イメージだけが先行したのです。着想はよかったと思いますが、それが可能になる技術的な裏付けがなかったわけです。

江戸川のハゼのミャク釣りで、私が「水中遊泳と軟着陸」と名付けた技術があります。たかだか、水深一メートル前後の場所で、ナス型1号オモリをつけた仕掛けが、振り込み、水面へ着水、水中を放物線を描いて落下、川底へ着底、という過程を表現したものです。私の著書『江戸前のハゼ釣り上達法』等で解説しています。

ヘラは落下するエサを追う

水中遊泳は、ヘラの振り込みを想定すれば、おおよそのイメージはできるでしょう。ハゼは川底にいて、上を見ていて、エサの落下を待っています。ヘラは池の底と水面との中間にいて、落下するエサを池の底へ追う、ということだと思うのです。

どちらの場合でも、エサが底へ着いた瞬間に、パクリと（適当な表現かは別として）エサを食べて欲しいわけです。

ヘラでもハゼでも、食べるというよりは、吸い込むという方が適切だと思います。

ハゼの場合は、エサを吸い込んだ瞬間の「震動」が、ハリス、道糸（ハリスが道糸直結の胴付だからオモリは通過しない）、サオ、手の平、という具合に伝わるわけですが、その震動は、手の平に「チクッ」「コツッ」「ムズッ」と表現される感触で表されます。

ヘラの場合は、エサが池の底に着いて、ウキがなじんでから、その直後、または、五秒以内とか、もしそれで食いアタリがなかったら、エサ落ちまでの三〇秒程度のうちに食いアタリが出ることになります。

エサによってアタリは千差万別

ハゼのエサは、青イソメですが、頭から尻尾まで硬さも太さも内容物も違う物体を、適宜の大きさにハリにつけます。そのつけ方によって、アタリのパターンは千差万別に出るのです。ですから、「チクッ」「コツッ」「ムズッ」というアタリは、エサつけ次第で、出たり出なかったりするのです。

このことを、ヘラ釣りに当てはめますと、ウキがなじんだ直後の食いアタリというものは、エサによってかなり左右されるものと推測できたのです。

問題は、エサの着底直後に出せるはずの食いアタリを可能にするエサの状態とはどのようなものなのか、ということが私の追求課題であったわけです。

エサの着底直後ということの中には、厳密に言えば、人によっては、まだ、ウキのナジミが完結していない瞬間を含むのだ、という意見もあると思うのです。

エサが底に着いた瞬間が分かる

ウキが立った姿を観察していますと、アッ、エサが底に着いた、と分かる瞬間があります。これはヘラ釣りを少しでもした方が、ちょっと、注意をすれば分かることです。その直後から一秒か二秒程度で、ジーッとウキが沈むでしょう。それがナジミといわれるウキの動きです。

私のこれまでの経験からは、エサが着底してからウキのナジミが完結するまでの間の食いアタリというものは、それほどにはなかったと記憶しています。それを出せるだけの技術がなかったためなのかどうかは分かりません。

ともかく、私にとっては、ウキのナジミが出てからが「勝負」だったのです。ですから、ウキのナジミ直後から、一、二、三と心の中でカウントして、アタリまでの時間を数えていました。希望としては、五秒以内の食いアタリというものを夢想したわけです。

ハゼ釣りで、エサの着底直後の食いアタリを実現できたわけですから、ヘラ釣りでも、必ずそれができるはずだと、変に「確信」めいた気持ちがあったわけです。

そんな気持ちさえなかったら、私のヘラ釣りは、もっと、違ったスタイルになったのではないでしょうか。

いつでも一〇〇枚を釣れる実力を会得したい

そのような気持ちを抱きながら、四年も五年もヘラ釣りをやり続けてきますと、とびとびで夢想したようなアタリに出くわすわけです。ただ残念なことに、ウキのナジミ直後のアタリというものの「再現」がなかなかできないわけです。このことは、ハゼ釣りの軟着陸直後の食いアタリのコンスタントな再現という課題と同様の状態だったわけです。

ですから、私がいつも申し上げているように、「再現性」という課題をクリアした技術であれば、そのような状態がコンスタントに現出でき得るようになれるのだろうと思うのです。

そのことは、ハゼ釣りで言えば、「一日に一〇〇〇尾釣れる時期でさえあれば、いつでも当たり前のように一〇〇〇尾を釣ることができる実力を会得する」(『天狗のハゼ釣り談義』)ということになります。「再現性」という課題をクリアできればそうなるのです。

ヘラで言えば、「底釣りで一日に一〇〇枚をいつでも当たり前のように釣ることができる実力を会得する」ということになるのだと思うのです。

技術習得に加速度がつく

ヘラ釣りで、そのような心境に到達できたかどうかは未知数ですが、ハゼ釣りの場合と比較してみますと、なんとなく、その入口あたりに到達できたのではないのかなあ、という感触はあるのです。

これはとても大切な感触でして、『天狗のハゼ釣り談義』で書いたように、ヘラ釣りの技術習得に「加速度がついてきた」ことの証左でもあるわけです。

これからも、釣果のアップダウンは確実にあると思うのですが、釣果の水準というものが、おそらくは、高止まりの状態になるのだろうと思っています。そのことを「再現性ができた」と私は表現しているのです。そうなれることを願っているわけです。

「石の上にも三年」という諺を信じて、最初の年からスリーシーズンを回してきた私の計画が、いよいよ今年で六シーズン目に入っています。これからの展開と経験がとても大事になると自覚しているのです。

アタリが止まって見える

力強いドンのアタリ

真冬であろうと暖かい季節であろうと、釣り堀でヘラを釣る以上、アタリは一目でも二目でも「ドン」と入るアタリが欲しいと思って努力しています。

私が「ドン」と表現するアタリは、一般的には「ツン」という言葉で表されるアタリに近いだろうと思いますが、人によっては「ストン」とか「ズン」と入るとも言うようです。

その場合のウキの動きに私の場合はさらに「力強く」ということが加わります。ただ、スピードが速いというだけではないのです。ドンのアタリのほうが重々しい響きがあるでしょう。

そのような力強くてドンとウキが沈むアタリは、一目なり二目なりウキが沈んでから一瞬ですが「静止」している時間があるのです。これは事実です。

このようなアタリが頻繁に出せるときは、ほとんどが一〇〇枚オーバーの釣果です。一束に届かないときでも八五枚とか、九六枚とかの釣果を打てるのです。

ついヨシッと声が出る

三～一二月の季節では、釣果にバラツキはあるものの、ほぼ七〇枚以上の釣果をコンスタントに出せるようになりましたので、現在の目標は、釣果の七〇％程度はドンのアタリでとりたいというものです。これが実現したら素晴らしいことだと思っています。あとの二〇％は「食い上げ」アタリで、一〇％は「チクッ」です。

チクッというアタリは、真冬には私の場合比較的割合が高くて、ドンというアタリが少なめになっていました。そのことは使用したエサにもよるのだと思います。感嘆、力玉などを使いますとアタリは小さかったと思います。

それでも二〇一〇年の一月、二月のように、真冬で一五五枚とか九四枚とかの釣果のときは、さすがにドンのアタリが半分以上になります。こうなりますと、真冬ということもあってとても嬉しいものですから、「ヨシッ」とついつい声が出てしまいます。

これからの私の課題は、真冬の季節に一〇〇枚を狙える腕と、真冬以外の季節での一〇〇枚釣りをコンスタントに実現するというものです。

釣果と満足度は違う

いつもいつも思うのですが、私が表現する「ドン」のアタリというものは、ヘラ釣り師のベテランさんであれば「ツン」という表現のアタリということで先刻ご存知のことだと思っています。問題は「ドン」のアタリのときに、なぜ、アタリが止まって見える瞬間があるのかということだったのです。

二〇〇六年一月からヘラ釣りを再開してからしばらくたって、「ドン」のアタリに「遭遇」したわけです。そのときは「オッ」と思っていました。その日に何回か経験しました。しかし、問題はそのようなアタリを頻繁に再現するということができないわけです。あきらかに「偶然に」そうなるわけです。

ですから、それからというものは「ドン」のアタリを出すことに努力をした五年間ということになるのです。ですから、釣果そのものもアップはしてきましたが、私の「満足度」といいますか「達成感」といいますか、そのような気持ちというものは「ドン」のアタリがどれほどあったのかということが「尺度」になっているわけです。

真冬のときでさえもそのような気持ちになっているのです。

チクッのアタリが出る条件がある

よく耳にする言葉に、「チクッ」という小さなアタリなんだよな、というものがあります。私はそのアタリも積極的にとりますし、それで釣れるヘラも多いのですが、それはそれで「チクッ」のアタリが頻発する条件があるのだと思うのです。

経験的にはチクッのアタリは、ウキが戻ってきてエサ落ち目盛りが出るか出ないかのときとかなど、比較的にウキのトップがたくさん出ているときに多いと感じています。こうなりますと、エサの量と仕掛けのバランスでチクッのアタリが出るのだと思えます。

ですから、チクッのアタリを少なくしようと思ったら、エサ落ち目盛りが出るまでの早い間にアタリをとって勝負すればいいわけです。そのようなところまで待たなければいいのです。

このことは周囲を長年観察していて、そのようなタイプの釣りをする方々の中に、一日に一〇〇枚を釣る人がいなかったということも私の考え方に影響しています。もし、私がヘラ釣りをやり初めのころに、そのタイプの人で一〇〇枚を釣る人を見ていたら展開は違っていたかもしれません。

ナジミから二目モドリまでに勝負したい

私は一日に一〇〇枚を釣ろうと思ってからは、ナジミ目盛りから一目盛りか二目盛り下のところが水面に出るくらいのときまでに「勝負」をしようと決めたのです。

エサ落ち目盛りが水面に出てくるまで待つということはあまりいたしません。それまでにすでに「アワセ」ているからです。そのようにアタリを出せるようになってきたということです。

吐き出さないエサを考える

本題の「ドン」のアタリですが、これが一瞬止まって見えて、アタリに気がついてから一秒か二秒遅れて「ヨイショ」っとサオを上げても釣れてくるという事実を自慢できるとは決して思いませんが、そのようなことをたびたび経験してきますと、いったいどのようにヘラはエサを食っているのかという疑問が湧きます。

以前にも書いたことがありますが、足元にヘラが顔を出してこぼれエサをねだるようなときに、ダンゴを落としてやるのですが、このときに二つのことがわかります。一つは口に吸い込んだと同時に「パッと吐き出す」ときと、二つ目は、飲み込んでしまって吐き出さないで「シラーッ」としてるときがあることでした。

そのことに気がついてからは、吐き出さないエサをヘラに与えることだけを考えるようになったのでした。ですから、硬さ、軟らかさ、大きさ、ネバリ具合等々、いろいろと試してみました。面白いもので、足元のヘラはかわいいものです。その結果、やはり、「練りアン」「コシアン」状態のダンゴエサがベストということに結論付けたのでした。

しかし、実践としてはとても難しかったと思っています。水深三メートルの池の底にダンゴエサが着底した瞬間に、「ヘラが吐き出さない」状態のエサになっていて欲しかったからです。これがベストです。

もしもという仮定のことが許されるとして、もしも「ヘラが吐き出さない状態のエサ」が、ヘラの目の前に落ちてきて池の底に二つ並んだとしたら、そのどちらかをパクッと吸い込むだろうと思ったのです。

仮説を立てて検証する

この文章は「もし」「たら」「れば」「だろう」という釣り師としては使ってはいけない「禁句」の文字が並んだわけですが、私としては「仮説」を立てたということです。

問題はそのひとつひとつを実証して可能にするということこそが大変であったのだし、それがある程度実を結んできて、「ドン」のアタリの頻発という形で、最終的には「釣果」という数字になってきたわけです。

このことは三年前とか四年前にはとても文章に書けないことでした。実証が済んでおらず、まだまだ仮定の話が多すぎたからです。

いまではそれを真冬の釣りに適用するところまで私の釣りが進んできたと思っています。

ヘラが吐き出さないダンゴエサの状態が、タイムとしてはどの時点でそうなっているのがベストなのかということは、日々違うと思うのです。また、一日一〇時間の釣りタイムでは刻々と違ってくると思うのです。ヘラの寄り具合にもよるからです。

実践的には、元エサ作り、握り方、水分の補給のタイミングと量、元エサのままなのか、押すのか練るのかその度合い、ボソかしっとりか、コマセに使うのか食わせなのか、ウキの戻る時間の調整、流れがあるかないか、直射日光が当たるのか日陰なのか、左右に人がいるかいないか、宙釣りとか段底釣りの人が隣にいるかいないかなどなど、まさにパズルのような条件をミックスして、ヘラが吐き出さないエサというものを想定し作って振り込むわけです。ですから、元エサは同じでも振り込むときの仕上がりは極端なことを言うと毎回違っているということになります。

人ができることは誰もができる

もともとは足元に寄って来たヘラから気がついたことでしたが、ここまでくるのに四年以上はかかったということです。いろいろな選手権に出場するような猛者たちであれば先刻承知でもあろうし、その人たちのレクチャーを受ければもっと早くにそのことをマスターできたと思えるのですが、訊いても身につかないということがありますし、レクチャーを受ける側の私の力量も未熟であることから、結局は自分でひとつひとつ「試して」きたわけです。

釣り雑誌や釣り新聞など情報源としたものも最近ではすっかり買わなくなってしまいました。参考になることは多々出ていると思うのですが、「仮説を立てて」「自分でやる」というスタイルが身についてしまっているのかもしれません。

なんでも、人ができたことは誰もができるわけですから、問題は「再現」ということが難しいのであって、釣行のたびに「必ず再現できる」ということこそが、私の目指しているヘラ釣りなのだろうと思っています。

美しい立ち姿のウキとタナ取り

底釣りは必ず水深を測る

釣り堀に行ってヘラを釣るときに、私は底釣りですから、水深を測ります。タナ取りゴムを上バリにつけて、振り込みます。私は一年中ムクトップを使っていますので、ウキが立つ位置のせいぜい五〇センチほど先に落とします。

一〇尺ザオを使っていますので、手をいっぱいに前方へ伸ばして穂先をそっと上げると、ウキの真下へゴムが来るのだろうと思っています。少しずつ上げてやれば、ラインが斜めになった度合いが判断できるのです。

この作業は、雑誌などで詳しく解説されていますので、釣りの基本とされる作業です。私の場合は、それから先の作業を私流にしています。ですから、雑誌などの解説どおりにタナ取りをされる方には、異質の感を与えるようです。結果は似たようになるのですが、過程というか、考え方というか、そのあたりがちょっと違うからです。

私の釣りは①一〇尺ザオ②バランスの底釣り③ムクトップウキ④ダンゴエサという組み合わせです。その場合のタナ取りということです。パイプのデブトップを使うときは違ってきます。

私はタナ取りの前提として⑤エサ落ち目盛りの位置⑥ナジミの目盛り位置だけを決めてあるのです。決めておくのはこの二つだけです。これはどの大きさのムクトップウキを使う場合でも同じです。

アタリをとりやすい目盛りがある

ムクトップを使ってダンゴエサで釣るのですから、一〇尺ザオで釣る場合のウキは、ダンゴエサの方が重くて、だいたいが、ズブズブと沈没します。ですから、⑤のエサ落ち目盛りについては、いつも、トップの付け根にしています。これは理由があって、付け根よりも、たとえば、二つか三つ上の目盛り位置にしますと、ウキのモドリが悪いことが多いのです。それと、ちょっとした流れや風で、シモルことが多いのです。そんなことで、特にモドリをはっきり出すために付け根の位置をエサ落ちにしています。

なお、トップの付け根は空バリでのオモリ合わせの位置でもあります。この位置から二つ上の目盛りで水深を測って決めたときはナジミ目盛りは下から七目盛りとなります。

よく、上バリのみにエサがついた状態で、たとえば、エサ落ち目盛りの位置が水面へ出る、という水深の測り方があります。これは上バリトントンといわれるタナ取りだと思うのですが、そのときは、ここから上に何目盛りかが、たとえば三目盛りとか七目盛りなどとかがナジミとなるわけです。ナジミ幅はウキと上下のハリ間隔によって多少違います。

人によって違うと思うのですが、私の場合であっても、ウキが水面に立っていて、アタリをとるときに「アタリをとりやすい目盛り」というものがあるわけです。見やすいというか、気に入っている目盛りの色などがあるのです。ここでアタリが出るぞ、出すぞ、という色です。

好みの目盛りをナジミ位置にする

大方の釣り人の場合は、私が思っているようなことには頓着なしで、エサ落ち目盛りからナジミ位置の目盛りを決めていると思います。それが「セオリー」とされていると思うからです。

私はそれと違って、まったく関係なしに、ナジミ位置を自分の好みの目盛り色で決めてしまっているわけです。こんなことって、人によっては、他人にそんなやり方を「恥ずかしくって」話せないことが多いと思うのです。なんというやり方してんの？　と馬鹿にされるのがオチだからです。

暖期で使うウキは、歌麿ムクトップウキ#10～13、寒期は、同#8～9ですが、私のウキはあつらえましたが、すべて一一目盛りで、上から五目盛り目に中間の赤目盛りがあります。下から数えると七目盛り目になります。

いいかえれば、空バリで底スレスレの深宙でトップの付け根の目盛りの下部分が水面に出るようにオモリを調節しておき（ウドンウキですから）、上バリにタナ取りゴムをつけて水面へこの目盛りが出るように測るのです。こうしますと、理論的には上バリにエサがついていてもトップの付け根の目盛りが出ているということになります。もちろん、下バリにもエサはあるのです。

こうしておいて、上も下もエサをつけて振り込みますと下から五目盛りナジミます。

私は、これを七目盛りナジミにしたいわけですから、ウキを二目盛り分だけ下へ動かします。こうしますと、タナ取りゴムで水深を測ったときの目盛り位置がトップの付け根の二つ上の目盛り、つまり、下の赤目盛り位置になるのです。

こうしますと、中間の赤目盛りの下部分辺りがナジミ位置となるのです。これで七目盛りナジミです。

深宙でエサをつけて沈む目盛り数を知っておく

このことは、ウキによって、トップによって、エサをつけたときの沈み具合がすべて違いますので、このやり方がパイプトップとかムクトップでも太いものとかなどにそのまま適用はできないのです。

しかし、考え方としては応用可能だと思うのです。私としてもムクのデブトップを使う場合にはエサをつけて深宙で沈む目盛り数を必ず確認します。これはパイプトップでも同じです。こうしますと、オモリあわせをした目盛りから何目盛りを沈めるか、つまり、ナジミ目盛りを何目盛りにするかが決められるわけです。

ベテランのヘラ釣り師さんはこのへんの作業は無意識にされているわけです。

トップの一番上から五目盛り目の赤の下に緑があります。私のナジミ位置は、この緑が出るか出ないか、隠れるか隠れないか、という位置にしています。

作業としては、タナ取りゴムで「おおよそ」の水深を測ってから、上下ともにダンゴエサを自分としての標準の大きさでつけて、ウキを立たせたいポイントに振り込んで、その位置に立たせます。そして、自分好みのナジミ目盛りの場所が水面にしっかりと出るようにウキ下を微調整するのです。寄せエサ打ちを兼ねて二〜三回やればできるでしょう。それができたら、こんどは、上バリだけにエサをつけて同位置にウキを立てます。そうすれば、いま使おうとしているウキのナジミ幅がわかるわけです。一度これをしておけば、ナジミ幅は承知ということになりますから、上バリだけの振り込みは省略できるのです。

トップの長さにもよりますが、実際には二〜三目盛りほどがナジミ幅になっています。もちろん、それは遠くへ振り込んだとか、重いエサだとか、エサを大きくつけたとかの事情であれば、ウキの沈む度合いが深くなりますが、一応標準で考えています。

ナジミは下から七目盛り

下の赤から中間の赤までは、間に、上から緑、黄、緑の三目盛りがあります。ですから、水深を測ったときに下の赤の下部分で調節しておきますと、ウキが戻ってきて、下の赤が水面に出るか出ないか、その赤のさらに下の緑が出るか出ないかという位置が、上バリと下バリが同時に底に着いたときの目盛りになっています。言い方を換えれば、この付近までウキが戻ってきたとしても、上バリには、まだ、ある程度のエサが十分に残っているだろうと想像できるわけです。もちろん下バリにも残っているのです。

私の釣りは、このナジミ目盛りの中間の赤あるいはその下の緑の上あたりから、その下へ二目盛りを数えた位置までの間で、アタリを取りたい、あるいは、アタリを出したい、というものなのです。

このようなことを、別の書き方にしますと、エサ落ち目盛りのトップの付け根から上に三目盛りが赤で、その位置が、上下ともにエサをつけて投入したときの本来のウキの立つ目盛りであって、そこから上へ二〜三目盛りがナジミ位置ということです。

ということは、私の場合は「常に」エサ落ち目盛りよりも二目上の位置で、上バリにタナ取りゴムをつけて、水深を測ったのと同じになっているわけです。また、朝一で水深を測るときに、上バリが底へ着いた状態を下の赤目盛りの位置にしているわけです。

そのことをくどくどと、遠回りして書いたわけです。それは、あくまでも、アタリを見やすい目盛り、ウキを観察しやすい目盛りを水面に出しておきたいということからはじまったのです。自分の願望が先になっているわけです。

美しい立ち姿であれば素晴らしいアタリが出る

私流の考えでは、ウキというものは、水面に立ったときに「美しい立ち姿」であるべきであり、そうあってほしいということ、その美しい立ち姿であれば、きれいな素晴らしいアタリが出るということです。

もちろん、美しいと感じる立ち姿は、人によって違うと思います。あくまでも、私の場合ということです。ナジミ目盛り位置を決めるのも個人差が当然あるでしょう。要は、自分の釣りやすい目盛り位置を最初から決めておけばいいのではないのか、ということなのです。

ウキによってナジミ位置目盛りが違っているというのは、私にとっては、頭の回路修正が面倒なのです。いつも、同じパターンで統一して、余分な神経は使いたくないというのが本音です。

なお、#8～13のウキは、トップの長さが違いますので、エサ落ちにしたトップの付け根からナジミ位置目盛りまでの長さが違います。#8が五センチで#11が六センチ、#13が六・五センチ（市販の#13は六センチ）です。私のハリの段差は七センチですから、理屈の上では、エサ落ちが出ても、下バリにはエサが残っている計算になります。しかし、私はナジミから二目盛り程度までに勝負しようとしていますので、そこまで待つことは食い渋り以外ではあまりないのです。

自己流のタナ取り方法でもよく釣れる

さて、説明してきたようなナジミ目盛り位置でウキが立ったとします。私がいつも言う「ドン」と入るアタリというものは、たいがいは、二目は入ります。ということは、二センチは入るということです。

たとえば、緑色の目盛りでなじんだとして、その直後であれば、まだ、ウキは戻っていませんから、緑の上の中間の赤、あるいは、さらにその上の緑までの目盛りが「ドン」と力強く沈むわけです。それは最大そのようになるということで、一目盛りか一目盛り半のことも多いのです。一目のときでも、間に黒帯がありますから、一センチ前後は入っているのです。どちらの場合であっても、いいアタリ、といえるでしょう。一センチ程度の「ドン」のときは、下バリで釣れることが多いのです。

トップの長さによって、目盛り幅が違いますから、いま書いた寸法はトップ寸法一五センチのウキの場合と思ってください。

ナジミ直後から二目以上戻りますと、「ドン」のアタリは少なくなります。チクッ、コツッ、ムズッのアタリ、食い上げアタリが増えてきます。

タナ取り方法は、自己流ですので、口外せずに今日まで過ぎてきました。先日、八四歳の方から真摯な質問がありましたので、釣り場でお答えしたのですが、あまりに雑誌などの記事と違う方法ですので、驚かれたようでした。それでも、鈴木さんはとてもよく釣れているので参考にすべき方法だとおっしゃっていました。その方も、ムクトップウキを使用されています。

私の方法ですと、タナ取りゴムを使うのは最初に水深を測るときだけで、よほど食いアタリが変調したときなどでないと中間では使いません。あとはすべて釣りをしながら、ウキの立ち姿を観察して、ナジミが深くなれば底が掘れたのだろう、とかの判断をして、ウキを上へ動かして微調整をしています。

エサがついたウキを眺めている以外の動作は、極力少なくして、釣りの動作をシンプルなものにしたいというのが、私の釣りの一面でもあるのです。エサをつけて放り込んでいる回数が少ないほど、釣れる確率が低くなると思うからです。

オモリ合わせ

掲示板に質問がありましたのでその返信です

質問　オモリ合わせをトップの付け根に、エサ落ちを二つ上の赤にとありますが簡単に考え両針が底についていない時に赤が出るという事で宜しいのでしょうか、というものでした。

返信から書いてみます

オモリ合わせの位置はトップの付け根の目盛りの下部分か、または、中ほど部分かにしています。下部分でボディの肩の部分が水面へ出るようになればなるほど「ウキの戻り」がよくなります。逆にトップの付け根の目盛りの上部分へいくほど戻りが悪くなります。ムクトップですから、トップ自体にはさほどの「浮力」がないからです。ですから、戻りを遅くして、軟らかいエサをわりと長い時間底にピッタリと着けておきたいときは（ハリがエサから抜ける時間を長くしたいときは）、オモリ合わせの目盛りをトップの付け根の目盛りの最上部へ持っていったりします。また、それとは別によりトップが細いウキに替えて使ったりします。これは釣り方の好みですから人様々だと思います。私は通常はトップの付け根の目盛りの下部分で合わせています。別の方法では、「這わせる」という言い方の「業界用語」がありますが、要するに、水深よりも「ウキ下」を長く取ってハリスを「たるませる」ことですが、こうしますとウキの浮力が減殺されますので、つまり、初めからトップが戻った状態で長く水面に出ていますから、軟らかいエサでも「エサ持ち」がよくなります。ただ、アタリの感度はちょっと鈍くなるようです。

風呂場で予備を作っておく

私のオモリ合わせの方法は、まず、自宅の風呂場でします。そしてオモリを切って予備をたくさん作っておくのです。

まず、一〇尺ザオがメインですので、それに使った仕掛けをひとつ用意します。それには、一〇尺のライン、ウキゴム、ウキ止めゴム、オモリ巻き金具、ヨリ戻し、ハリなどワンセットついていることが大事です。それをひとまとめに丸めてそれにウキとオモリをつけて風呂場で沈めます。あとはオモリを少しずつ切ってオモリ合わせ目盛り位置を決めるのです。このようにして何個でも予備を作っておきます。こうすれば釣り場でライントラブルがあったときでも、新しく作ってある予備ラインをセットしてウキと予備のオモリをつければそのまますぐに釣りができるのです。

私のライン交換とか、ウキだけの交換というものは前者が三分以内、後者が三〇秒ほどでできます。現場でのオモリ合わせの必要がないからです。現場でオモリ合わせをするときの注意点としては、「ムクトップ」使用ですので、一〇尺の底釣りの場合でしたら、必ず、深宙の状態ですることとです。下バリが底に着いていない状態のことです。なぜかといいますと、ムクトップは浮力がないものですから、ウキ下の深さ一～二メートルなどでやりますと、三メートルの深さにウキを上げたときに、ウキから下の余分な一メートルなどのラインの重さでトップが一目盛りとか二目盛りとか沈んでしまうからです。パイプトップの場合はその度合いが少ないようです。

常に水深を意識する

もうひとつの質問のエサ落ち目盛りのことですが、私は通常は、オモリ合わせ目盛りから二つ上の目盛りにしています。ときには、オモリ合わせ目盛りとエサ落ち目盛りを同じ目盛りにすることもあります。

私が使っているウドンウキは、下から、黄、緑、赤、緑、黄、緑、赤、緑、黄、緑、赤の一一目盛りです。ですから、オモリ合わせは付け根の黄色の下部分、エサ落ち目盛りは二つ上の赤の下部分ということです。ただし目盛りの数とか、色の配置とかはウキの作者やメーカー、ウキのサイズなどによって少し違いがあるようです。

さて、エサ落ち目盛りを決めましたら、上バリと下バリを同じタナ取りゴムにつけて投入して水深を測ります。ということは、上も下もハリは底に着けるということです。もちろん上バリのハリスは下バリより短いですから上バリで水深を測っていることになるのです。下バリも一緒につけるのは水深を測っているときに下バリだけフリーにしておきますと絡んだりしてトラブルの原因になるからです。

私は「業界用語」の「タナを取る」とか「タナを取り直す」ということを「水深を測る」と言っています。でもそのような物言いはダサイと思われているかもしれません。

この水深を測るときになるべくウキが垂直に立つような気持ちが大事です。しかし、どのように努力してもそれは不可能なようです。多少はラインが「ナナメ」になっているようです。

ともかく、このようにして水深を測ったとします。そのときに水面へ顔を出している目盛りのことですが、その水面へ出ている目盛りがトップの付け根の黄色目盛りの二つ上の赤目盛りに設定するということです。

この状態でタナ取りゴムを外してウキを立たせますと、トップの浮力のほうが当然のようにハリの重さよりも強いので、オモリ合わせをした目盛りまでトップが水面へ出るわけです。すると理論的には上バリは二目盛り分だけ底から浮いていると思えます。しかし下バリのハリスは上バリのハリスよりも長いですから大抵は下バリは底に着いています。

上バリで水深を測ってエサ落ち目盛りを決めたというわけですから（私はそうしています）、

「エサ落ち」目盛りの赤が出たということはエサがなくなってしまったと「思いがち」です。実際はそうではなくて、上バリにも下バリにもエサはまだついているわけです。なぜかといいますと、上バリで水深を測って赤目盛りを出したのですから、赤が出たときには上バリはまだ底に着いている状態なワケです。ですからエサ落ちが出たからエサがないというのは勘違いだというわけです。本当にエサがなくなってハリだけになってしまったらオモリ合わせ目盛りが出ています。そうはならないで二つ上のエサ落ち目盛り付近に水面上の目盛りがあるというのはエサが残っているか障害物などにハリが触っていてウキが戻らないでいるかのどちらかなのです。

ラインはたいがい斜めになっている

オモリ合わせとエサ落ちを決めてのタナ取り（水深を測る）ができましたら、次は、エサをつけて振り込んでみます。水深を測ったときにエサ落ちは赤目盛りでしていますから、エサをつけて振り込んだときに「当然」そのエサ落ちの赤目盛りでウキが立つ「理屈」なのですが、一旦は赤目盛りで一瞬止まってもすぐにじわじわと沈みます。

ウキによっても違いがありますし、つけたエサの大きさによっても違うのですが、エサ落ち目盛り（つまりエサをつけた上バリが底に着いたときの目盛り）からさらに上の目盛りまで沈むのです。これを「ナジミ」といいます。このような現象が出るのは、ひとつには二本バリで上と下のハリスの長さが違いますので、当然として底へ着地する位置が上下違うわけです。下バリは上バリよりも離れて着地します。

この上と下のハリスの長さが違うことを「段差」といいます。段差はどのくらい、という質問をよく受けますが、私の場合は七センチです。これは五センチの人もいるし、三センチの人もいます。一〇センチの人だっています。釣り慣れてしまえばどの間隔でもいいと私は思っています。ただ、段差があるほどナジミ幅は大きいと思っています。

ナジミが出る要因のもうひとつが、ウキが底に対して垂直に立っていないということがあります。つまりラインが斜めになるのです。これはたいがいの場合に普通はラインは斜めに立っていることは間違いがないものと私は思っています。

私の釣りはじつはラインはたいていは斜めになっている、ということを前提にしているものなのです。このように考えれば、なじんだウキがジワジワと浮き上がってきて、エサ落ち目盛りが出てしまったのに待っていたらアタリがあって上バリで釣れたとか、極端なことに、オモリ合わせ目盛りが出てしまったのに上バリで釣れたとかいうことが、納得できるのです。

このようなときは、だいたいがラインが斜めになっているのだし、水深を測ったときにすでに斜めになっている状態でエサ落ち目盛りを確認しているわけです。ですから、そのようなことがありましたら、ウキをハリの方向に少し下げてみて、つまり水深を浅くして、別の言い方をすればウキをもっと沈めるようにします。

するとエサをつけて同じように振り込みますといままでよりもトップが沈みます。つまり、ナジミ位置目盛りが前回よりも上の目盛りになるわけです。それはラインが斜めになっている状態の再現ですから、少しサオ先を上げてトップをひっぱりあげて、自分で決めているナジミ位置目盛りを水面へ出してやります。こうすれば、次の振り込みのときに加減すれば初めから予定していたナジミ位置目盛りを水面に出せるようになります。

じつは私はそのようにして微妙なラインの斜めの矯正をしているのです。ただし斜めはゼロにはできません。かぎりなく垂直にという気持ちでいるだけです。それは風の影響とか水流とかがあるからです。

ナジミ目盛りを常に水面へ出す振り込み

いま述べた方法を逆手に取りますと、私のような釣り方になるのですが、どのような振り込みをした場合でも「常に」ナジミ位置目盛りを中間の赤などと決めておくのですが、それを「常に水面へ出すように振り込む」ということです。

そのようにウキを立たせて釣るというスタイルができてきます。これは振り込みのテクニックというものを自分流のものを作るということでもあるのです。私はどの釣り場でも通用する万能のものでなくてもよい、水光園だけで通用するものでよいと初めから割り切って、この釣り場で

「思うように」ヘラを釣ることができないのであれば、どこへいっても釣れないだろうという思い込みを持って釣りをはじめたのです。

また、ウキは一本一本個性があって、同じ感度のウキというものはありません。全部違います。それを「同じように扱えるようになる」ということが私の目標のひとつでもあるわけです。

ひとつ大事だと思うことは、皆さんを拝見していて、自分のウキは、宙の状態でどのエサをどの大きさでつけたら何目盛り沈むのかということをあまり意識していないということが結構あると思っています。パイプトップにしろムクトップにしろ浮力というものは必ずあるわけですから、エサの状態によっては沈む目盛り数が違うわけです。トップが沈没してしまうこともあるし、一目か二目しか沈まないことだってあります。また、トップ三目盛りを残して浮かんでいるということもあります。

このことをなぜ書いたかといいますと、トップの浮力というものをつかんでおきませんと、エサがついているのにそれが小さくなったために浮力のほうが勝ってトップが浮いてきて、ハリがエサをつけているのに底から浮いてしまっているということが起きるからです。

私のホームグラウンドは白井市の水光園で、ここの水深はおよそ三メートル前後ですし、一〇尺サオですべての釣り座で釣りができますし、私の目標は一日に一〇〇枚というものでもありますし、六九歳という年齢を考えて一日中長ザオを振り回す体力もありませんので、一〇尺、バランスの底釣り、ダンゴエサというパターンを決めて釣っているのです。ウキはムクトップにしてウドンウキ（浮力が少ない）を使っています。ウドンウキでダンゴエサならば間違ってもエサがついたハリが底から離れて浮き上がるということがないと思えるからです。トップの浮力が勝ちますとどうしてもそのような心配をしながら釣りをすることになります。私は知らず知らずのうちに、釣りをしながらそのような気の遣い方というものを敬遠していたのだと思います。

最後に、私はヘラ釣りというものを師匠について習ったということもありませんし、本や雑誌、新聞に書いてあることを参考にしながら、試行錯誤してこの五年間釣ってきました。今年が六年目に入ったということです。どうやら思い通りに釣れるようになってきて、今年も累計二〇〇〇枚、一日一〇〇枚、厳冬期一日五〇枚、年間平均五〇枚ということを目標にヘラ釣りをすることにしています。

そんなわけで、自己流のヘラ釣りですので、普及して「当たり前」とされているヘラ釣りテクニックと異なる点もあるかと思いますが、そのことだけを承知してこの本を読んでいただければいいと思っています。

一気に釣る

クセをつける

釣り場友だちが一緒に釣っていても、競争などはしていないのですが、そこは釣り人の心理として、隣よりも釣れているかいないかということは、いつも気になることです。これは仕方がないと思うのです。

そんなとき、いつも言われるのですが、鈴木さんは釣れ始まると一気に数が増えるから、とおっしゃるわけです。ですから、五枚や一〇枚リードしていてもすぐに追いつかれてしまうというのです。

私は特別意識してそうなっているわけではないのですが、そのような現象がたびたびあるわけです。

それはどういうことかといいますと、たぶん私のウキの下にヘラがウジャウジャと寄っているのだと思うのです。その集まってきたヘラを、一時間かけてポツンポツンと四枚なり、五枚なりを釣り上げるのか、それともほんの一〇分とか一五分とかの時間で五枚を釣ってしまうのかということだと思います。私は後者の事例の釣りになります。

言い換えれば、「そのように釣ってしまえる釣技が身についた」ともいえるのです。このことは、ハゼ釣りで習得したテクニックであって、食いが立ったときに一気にハゼを釣ってしまうという「クセ」なのです。

時間の長短は個人差がある

ヘラ釣りで何分を短い時間というか、長い時間というかは、個人差があると思います。私にとっては、たとえば一時間で一五枚を釣るとか、三〇分で一〇枚を釣るということが、短い時間で一気に釣るという時間感覚であるわけです。

この一気にヘラを釣ってしまうという時間帯が、一〇時間の釣り時間の中で何回あるか、言い換えれば、何回それを実現できるか、現出できるかが、私の技術的到達点を表すと思うのです。

もちろん、一気に釣るというヘラの数については、真冬と真夏では違います。釣果の絶対数が異なるわけですから、真冬の場合で一時間に一〇枚とか、真夏とかなどで一時間に二〇枚とかの違いはあるのです。

このように「食いが立った」時間では、ウキのナジミが出てから、一〜五秒程度で、ドンと二目ほど力強く沈むアタリが多発します。毎回、ドン、ドンということです。こうなりますと、五回振り込んだら五回とも釣れてくるというペースになるわけです。釣り場友だちがあきれ返るのはこのようなときなのです。あっというまに一〇枚釣ったとなるのです。

囲まれたときにどうなるか

このようなことになれるのは、そこにヘラがいることが大前提なワケです。どなたにしても、ヘラが寄っていなければ釣れはしないのです。一気にヘラを釣る、ヘラが釣れるということになるには、ウキの下にヘラを集めておくことが大切な条件です。

やはり、暖期にヘラを一〇〇枚釣りたいというときは、①ヘラを寄せられる②寄せたヘラを確実にゲットできる③しかも、短時間に釣ってしまう釣技、というものが必要だと思えるのです。

私の場合には、少なくとも、②と③については、及ばすながらも、いささか、何とかモノにしてしまえるようになれたかな、という思いはあるのですが、①については、まだまだ、不安定だと心しているのです。

ヘラを寄せられる、ということの条件の一つは、ヘラの寄りやすい場所というものがあって、それが大きく左右するのだろうと思えることです。二つ目は、ヘラを寄せるにはどのようなエサを、どのようにエサ打ちするか、という技術的な側面があると思うのです。

一つ目については、この五年間で釣り座を四回りほどしましたので、不十分ではありますが、このあたりはこの季節とあの季節でヘラがわりと寄るのだな、ということが経験的に少しはわかってきています。

問題は釣技の方で、いちばん簡単なのは他の釣り人と離れて、あるいは、釣り人の絶対数の少ない日に単独で釣りをする場合には、比較的にヘラを寄せられたという実感があります。

しかし混み合っているとき、あるいは混んでいなくても左右に宙釣りの人とか段底釣りの人とかが何人かいて、私が囲まれてしまったときなどには、まだまだアタリの絶対数を高止まりの状態で維持するという点で、未解決の問題があるわけです。

ヘラ釣りは塗り絵と同じ

多くの釣り人に囲まれたり、宙釣りや段底釣りの人が周囲にいる場合であっても、「一気にヘラを釣る」というテクニックは必要であると思うのです。それは寄ったヘラを他の場所へ行かせないことを意味するからです。もたもたと釣っていたら、手返しが遅くてヘラを他に逃してしまうことになるからです。

このようなときは、一気に釣れても、その一回あたりの数は三枚とか四枚と少ないのが特徴で、おまけに釣れるのに間ができるのです。ですから、このパラパラッと釣れる瞬間の数を増やしたいワケです。

一気に釣れる、一気に釣ってしまう、一気に釣れるように段取りする、一気に釣れてくる回数を一日のうちで何回作り出せるか、ということを考えていますと、これはもう総合的な釣技の上達が求められるのです。

この丸五年間というものは、塗り絵のひとこまひとこまを丹念に色を塗って、塗り方にムラがあるところはさらに重ね塗りを繰り返すという作業の毎日だったように思えるのです。釣りと塗り絵は同じことだと極論してもいいと思えるほどです。

そのように考えますと、私の塗り絵はまだまだ塗ってないこまもあるし、塗り方も雑だなと思う箇所もあるのです。

たかだかヘラ釣りだといっても、その気になって突き詰めてみると、奥が深いものだと今さらながらに思っているところです。

平日でもろくに釣れないのに……!!

休日の例会の上位者は並大抵のウデではない

　ヘラ釣りの私の「最終」目標は何かといいますと、「休日」の混雑しているときに、底釣りで一〇〇枚を釣ることとです。

　休日の例会の成績を拝見していますと、水光園ではサオ頭は二五キロとか一八キロとかの釣果が多いと思えます。ということは、キロ三枚の大きさだとしてトップは七〇枚前後は釣っていますし、キロ二枚として五〇枚は釣っているわけです。

　大会はもちろん重量ですから、数ではないわけです。そうはいっても、上位入賞者は最低でも五〇枚は釣る必要があるわけです。

　私などは、平日の釣りでも下手をしますと五〇枚とか七〇枚とかのことがあるわけですから、一一六席あるうちの八〇席とか一〇〇席近くとか埋まっているときに、五〇枚などという釣果はまったく自信がないわけです。

　このことは、今後の経験と対策を積むことが大事だと思うのです。このような休日の例会なりで、混雑しているときに上位を取る人の釣りというものは、並大抵のウデではありません。コツがあると思っています。

ヘラさえ寄っていれば私だって釣れる

一番大切なことと思えるのは、①ヘラを寄せてしまうこと②自分の席の前から逃さないこと、だと思えます。こんなことはヘラ釣り素人だった私にもわかることです。魚が目の前にいないのでは、どれほどのベテランでも釣れないのですから。

私だって、と大見得を切りますと、自分の前にヘラさえ寄っていれば休日であってもそこそこの釣果を打てる気持ちはあるのです。

問題は寄せることです。これはあくまでも第一にエサ作りの問題です。他の人よりもヘラがよりたくさん寄るようなエサということです。第二はエサ打ちです。寄ったヘラを逃さないということです。これは手返しで解決できると思っています。

私が今日まで一日一〇〇枚以上の釣果のときが一一六回あるのですが、すべて平日の数字です。しかも、釣り人は少なくて、混んでいるとか、近くにたくさんの人が宙釣りをしていたということがなかったときの釣果です。

そのような平日の釣りにまず成功したということです。第一段階が過ぎたということです。そこでいまは真冬の挑戦なのですが、それもまあまあ、なんとか格好がつきそうな状況ではあります。二〇一〇年になって一月に一回、二月に二回、一〇〇枚以上を釣れたからです。二〇一〇年の具体的な目標というのは、真冬から春先の三月中の平均釣果の底上げでした。これも成功したと思っています。

また、休日明けの日の釣果がガクンと低いことが多いのですが、この点も実績としては改善できるよう努力したいと思うのです。月曜日などを避けて通っているということを少なくしたいのです。土曜日の釣行を増やしたということがひとつの地均しでもあるわけです。

現実としては、休日明けの釣果が低くて、平均釣果をダウンさせてきたことは確かです。ですから、平均を維持するには①休日明けに釣りをしない②休日明けでも釣果の底上げをする、のどちらかになるわけです。私としては②の方法を望むわけです。ところが過去四年間、今年を入れますと足かけ五年間でさほどにはいい成績を残せないでいます。

ですから、この点が改善できれば、それだけで平均釣果はアップできるのです。休日がヘラの寄せ合い合戦で、休日明けは前日に釣られてしまったヘラとか、腹いっぱいのヘラとかにどうやって食わせるかという釣りだと思うのです。

理屈としては分かっているつもりですが、実釣ではどうしてもそれを十分に打開できずにいるわけです。

平日の釣りをしたくて現役を引退した

そんなこんなで、今年は①前年までの暖かい時期の高釣果を再現しつつ②時折休日の釣りをやってみる③休日明けの釣りを積極的にしてみる、などのシーズンになるだろうと思うのです。

このことは私にとっては新しい挑戦ということですが、釣り人によってはサンデー釣り師で、いつ行っても日曜祭日などの休日だという人も多いと思います。そのような人には当たり前のことでしょうが、私にとっては「挑戦」ということになるわけです。

平日に釣りをしたくて現役を引退したヘボヘラ釣り師としては、休日に釣りをするなんて逆行していると思うのですが、これはあくまでも私の「好み」の問題で、試してみたいという気持ちが湧いてくるのです。そのような気持ちになるような釣果が打てるようになってきたということです。

休日は休日で、またまた、新たな試行錯誤が始まるのだと思います。それはそれで、エサの問題だけだと、ある程度割り切って挑戦できますので、これまでの五年間丸々努力してきたような苦労はしなくて済むのだろうと思っています。

平日だってろくろく釣れないのに休日に釣りをするなんて、という気持ちをなんとかオワリにしたいと思うのです。それが実現できたらこんな楽しいことはないと思えるのです。

一本バリの釣り

ハリの予備は五〇セット持参

一本バリでヘラを釣ってみたい、などと思ったことを書くのではありません。

実釣では、たとえば納竿間近になって、ハリがとられてしまうことがあります。そんなとき、多くの方たちは①時間が迫っているから釣りを止める②一本バリの状態で釣ってみる、ということだと思います。ハリ交換が面倒くさいと考えるからです。

その点、私は急いでハリを付け替えます。所要時間はせいぜい三〇秒程度でしょう。そのように準備万端、訓練しているからです。上下のハリをワンセットにしたパーツを予備として、たとえば三〇セットとか五〇セットを持参していますから、付け替える時間が短いわけです。

このことは、ハゼ釣りの仕掛け交換でさんざん経験し、トレーニングしてきたことが生かされているのです。つまり、エサをつけた仕掛けが池の底に入っていない時間を、極力少なくするということなのです。

二本バリを一本バリのように使う

冒頭に述べた事例で、一本バリで釣ってみると、これが意外と釣れるわけです。ただ、ずっと、一本バリで釣り続けても、そのように、意外と釣れる、という状態が持続できるのか、ということに関しては、何とも意見の出しようがありません。私は、その点に関しての実績がないからです。

本稿での、「一本バリの釣り」というのは、前例のような場合ではなく、仕掛けは二本バリなのに、一本バリのような発想、あるいは、一本バリで釣っているような状況を作り出す、という釣り方を言うのです。つまり、上も下もエサはつけているのです。

よく質問されるのですが、鈴木さんはバラケはつけてますよね、とか、上と下と変化をつけてますか、とかということがあります。そんなとき、いえ、上も下もおんなじエサですよ、と答えることが多いわけです。これは真実を申し上げているのですが、結論だけを言っていますので、質問された方はわけがわからずにエッという顔をされます。

「セオリー通り」とでも言いましょうか、「バラケと食わせのセット」などというエサつけにはあまりこだわらずに、上下両方とも「食わせ」であり、あるいは「バラケ」でもある、というエサつけを多用するわけです。

バラケエサよりはずっとエサ持ちをよくしたダンゴエサを両バリにつけるワケは、バラケエサというものは、ハリにつけた「バラケ」だけが、バラケエサではないという考えがあるからです。

つまり、池の底に落ちて沈んでいるものそのものが寄せエサである、という考えなのです。ですから、私の場合はどうしてもバラケエサの「補充」が必要だと判断したときは、両バリにバラケ用にラフにつけるとか、あるいは、バラケ用にマッハなどを増量したものを両バリにつけて、一時的に数投を投入してやります。それで十分なのです。

以上のことは、一本バリの釣りという考え方を実釣の場面で応用している結果ですので、説明をはじめると長いわけです。それに、なかなか理解していただけません。

私がエサつけに変化をつけるとしたら、それは一本バリの釣りの状態のエサつけをしているときだと思うのです。つまり、二本バリですが一本バリのように使うということです。

上バラケ下食わせは一本バリの釣りと割り切る

もともと、上にバラケ、下に食わせというエサつけの考え方というのは、結局は、「釣るためのハリは一本だけ」なのですから、これは一本バリの釣りという考え方に「割り切って」思考転換した方が、ずっといいと思うのです。

なぜかといいますと、みなさんはエサ落ちが出てから、つまり上バリのバラケが落ちた状態から、じっとじっと食わせを食うのを待つでしょう。これはもう完全に一本バリで待っているわけです。

私のいう一本バリの釣りというものは、上下ともにエサが完全についている状態で、しかも一本バリで釣っているような釣りをするということです。食わせエサが二個ついているわけです。この釣りは底釣りで、上にバラケ、下に食わせというパターンの釣りよりも、私にとってはずっと釣りやすい釣り方なのです。

寄せエサのバラケは、いつでも、どれだけの量でも、任意の瞬間に投入が可能であるという臨機応変の釣りであるからです。

「一本バリの釣り」という考え方（たぶん、こんなことを言うのは私だけ）を導入してからは、私の釣法に飛躍があったと思っています。あとは釣法を確実に身につけることと、実績の積み重ねだけが課題だと思っています。

ヘラの釣果というもの

例会では心理作戦が展開される

釣り堀などでヘラを釣っていて、ときどき気になることがあります。

それはヘラの釣果というものです。

釣りの例会とかのときは、フラシを使うとかしますので、枚数とか重量とかの検量はできるわけです。それでも「意地の悪い」と言いますか、「厳しい」とでも言いましょうか、そのような「タチ」の人がどこでも必ずいて、それは外からハリがかかっているからとか、クチビルからちょっと外側へずれているからとか、まあいろいろと「クレーム」に似たようなことをおっしゃるわけです。例会での心理作戦だと考えてもいいでしょう。

普段でも、そのような大勢の「ギャラリー」がおられますので、釣っていてカウントするのにいろいろと気遣いが必要なこともあるのです。

例えば、ハリがクチビルの一番端にかかっているとします。すると、上がってくるときのヘラの動きが、クチビルの中央にかかっているときと違うわけです。ですから、ハタから見ていると、いかにもスレがかりのようにも感じられるわけです。

また、具合の悪いことに、下クチビルの中から外へハリが抜けていて、しかも、端の方に寄っているとかしますと、ヘラがときどきクルリクルリと回転するわけです。離れて見ていますと、いかにもスレがかりというように見えるわけです。

また、いつも思うのですが、何でハリが二本かかるのかということがあります。クチビルに二本かかっていればそうでもないのですが、クチビルと胸ビレとか、尾ビレとか、背ビレとか、胴体のウロコとか、いろいろと引っかかっているわけです。そのことを「ウデの未熟」と言い切られてしまうこともままあるのですが、そう言われれば返す言葉もないわけです。

釣れることが最優先

そうはいっても私などは、まずは釣れることが最優先ですから、口にさえかかっていれば、ハリがかかる位置については「どうでもいい」わけです。つまり「釣れないこと」の方が問題であるわけです。

ヘラの「上」クチビルの中央にハリを引っかけるという「芸術的な」技術を会得するには、まだまだ、実戦が必要だと思っています。番度にど真ん中にハリをかけて、しかも一〇〇枚を釣るなんてワザは、まだ、私にはないと思っています。

ということは、さまざまなパターンのハリ掛かりがあり、上がってくるヘラの動きも毎回違うということです。

　私が何で気遣いをすることがあるのかといいますと、私の釣果がたとえば一〇枚とか三〇枚とかの「平凡な」ものであれば、どなたもが気にしないと思うのです。ところが、だんだんと数が増えてコンスタントな釣果を打つようになりますと、周囲の人がいろいろと注目するのです。

　中には、私が思うように釣れないときなどに「メッキがはげましたね」とおっしゃる方もおられるほどです。いい意味でも悪い意味でもなんとなく見られているのです。

釣果は魔物

　ハゼ釣りのときは、一日一〇〇〇尾釣りを目指した当初から、船宿でハゼを数えてもらっていましたので、検量ということには慣れていましたし、数字も第三者の数えたものであって、一応「客観性」ということでは合格点だったのです。それでも、私の数えていた数字と違うことがあって、そのときは「私の数え違い」ということで収めているのです。数え直しをしていただくほどのことではないと思っているからです。これは私の自己申告数字の方が正しいのではないかと思っているときでさえも、そのようにして自分から引くようにしています。

　東京湾などでキスやカレイを釣りますと、新聞やＨＰなどでサオ頭の数字が出ますが、少なくとも、船頭さんはトップの釣果は数えているわけです。最近は釣り人の自己申告数字をそのまま公表することは少なくなったようです。乗客同士のトラブルの原因にもなるからです。

釣果というものは「魔物」だと思うのです。ある人は、何匹釣った？　と質問しておいて、〇〇尾と答えると、俺は××尾と、少し多い数字を言うことがあります。

私がしているヘラ釣りというものは「自由な」ヘラ釣りですから、釣果そのものを競うということではないわけです。あくまでも自己満足だけの釣りなわけです。ですから、何枚釣ったとかは論外のことであって、本来的にはどうでもよいことだと思っているのです。

そうだとしても、八〇枚釣れたとか、一〇〇枚オーバーだったというときは、私も人の子ですから、誰かに「言っておきたい」わけです。つまり、「そのような釣れ具合だった」ということを話しておきたいわけです。黙っていてもいいことだと思うのですが、そこが人間ができていないというか、これほど「嬉しいこと」はないわけですから、どうしても言ってしまうわけです。

中間で釣果を口にすると運が逃げる

ということは、底釣りでの「常識」では考えにくい「馬鹿げた」釣果をしゃべっているのですから、聞いてくれている人の捉え方としては「?」なわけです。

ヘラでもハゼでも同じですが、釣れている様子は分かっていて、釣果を憶測していても、なかなかに本人の手元は見えていないものなのです。だいたいが周囲で予測している数字よりもかなり余分に釣っているものなのです。釣れているときとはそのようなものです。

私はヘラを釣っていて、自分が釣った数字は、自分からは進んで口にしないようにしています。なかなか信じてもらえないということと、説明するのがおっくうだからです。

また、中間で数字を口に出してしまいますと「運が逃げる」からです。こう言い切れるのは「実際に」そういう現象があるからです。ペースを乱したくないから、一人静かに釣っているのです。ですから、質問されない限り言わないですし、黙ってカウンターを差し出して数字を見てもらうこともあります。いちばん多いのは、まあまあとか、ポツポツとか答えるわけです。最近では「鈴木さんがポツポツって言うときは釣れてんだよね」という方が増えました。

喜びはともに分かち合いたい

私の釣果はカウンターの数字の＋－五％の誤差を見込んでいます。

一〇〇枚釣ったときは、九五枚かもしれないし、一〇五枚かもしれないということです。ハゼのときは暗記しているわけですが、一〇〇〇尾釣っても誤差は一％以内が目標です。ヘラの場合は一けた数が少ないので、かえって記憶が飛んでしまって間違いがありますのでカウンターを使うのですが、年を取ると嫌なもので、押したのか押さなかったのか分からないときがあるのです。そんなときは人間嫌味なもので、エイヤッと押してしまうものなのです。ですから＋－五％というわけです。

また、これは余談になると思うのですが、お年寄りの方たちが一生懸命に釣りをしていて「何枚何枚」とかおっしゃいますが、私などは「まっとりと」その数字を受け止めて一緒に喜ぶようにしています。

問題は釣果の内容うんぬんではなく、「その方の喜んでいることをともに喜び合いたい」からです。釣り場でのお付き合いとは、そのようなものでありたいといつも思うからです。その数字の中に、スレで釣れたものが含まれているかもしれないし、含まれていないかもしれないのですが、そのようなことは「どうでもいいこと」なのです。「ヘラ釣りをして楽しかった」という、その方の気分を大切にしてあげたいからです。

同様に、私の釣果の中にスレがかりのヘラが含まれているのではないのか、という疑問を持たれているかもしれない現実があると思うのですが、そのことについてはどのように思われたとしても、私にとっては「どうでもよいこと」なのです。

ヘラの釣果とハゼの釣果とで違う点は、「検量」をしたかしないかです。自己申告の数字というものは「かくも信用がない」という証しでもあるのです。

私のヘラ釣りは、そのような「信用を得るための努力を放棄した」次元にある釣りだとも言えるのです。

ハリの間隔

初めは段差という言葉を知らなかった

ヘラ釣りをしていますと、よく、上バリと下バリの間隔は何センチですか？　と質問があります。バランスの底釣りという釣法ですから、ヘラ釣りの基本的な釣り方の場合のハリ間隔を言っています。宙釣りや段差の底釣りとは異なります。

それは私が、他の人よりもある程度多い数のヘラを釣ることから発せられるようになった質問です。私だって、私よりも数が少ない人にはハリの間隔を訊きません。

何年か前にヘラ釣りを再開したときは、再開という言葉を使いたくないほどの初心者状態で、「段差」という言葉も知らないほどでした。いまから二二年も前のことで、数年間に合計二〇回ほどヘラ釣りをしただけでしたから、やっていないに等しいと思います。

そんなわけで、釣り堀へ行ったとき、ハリの間隔を何センチでやろうかと思いました。もちろん二二年前に買った古いヘラ釣りの本を引っ張り出して「勉強」しましたが、その本では五センチなどと書いてありました。ですから五センチで始めたわけです。

テストしていたら閃いた

だんだんと釣り堀に慣れてきますと、周りの人たちのことが気になるわけです。つまり、釣れ具合が「当然のように」私よりは良いわけですから、観察しました。冬の一月から通い始めたので、厳寒期ですから、ウドンエサで釣っている人が大半で、私のように「ダンゴエサ」で釣る人など皆無でした。

ウドンエサで釣る人たちのハリの間隔は、二センチとか四センチとおっしゃるわけです。私は「力玉」とか「感嘆」とかいうエサを、単品とかダンゴとセットとかで使うようになりました。それでも段差は五センチ間隔でした。

そのうちに、上下のハリの間隔をいろいろと試してみようと思い立ちました。約二センチから一〇センチまで、まあいろいろとやってみたわけです。「初心者状態の私」がいろいろと試したところで、もともとがよく分からない状態で、暗中模索でやっているわけですから、現実には試した結果の評価が適切に出せるはずもないのです。それはどうしようもない現実です。

それでも、やっているうちに七センチという間隔が、どうやら私の釣りになんとなく「アッテイル」ような感じがしたのです。それはなんというか、閃きのようなもので、特別な理論も思いつかなかったのでした。

一定のハリ間隔で釣り込む

今になって思うことは、上下のハリの間隔が五センチよりも七センチの方が幅が広いのですから、エサのついたハリが着底したとき、エサとエサの距離が七センチの方が幅広いだろうと思ったのです。これはウキのナジミ幅として出てくると思うのです。ウキがより沈むわけです。

それは、別の意味で、どういうことを意味するかと考えますと、五センチの場合よりも七センチの方が、広いエリアでヘラを誘えることになると思えたのです。それならば、間隔を一〇センチとか一三センチにしたら、より広く釣れるだろうと思えたのです。実際に、そのようなハリ間隔で釣る人もいます。

ハリの間隔が何センチであるかは、その結果としてウキに現れるアタリの違いになって出るだろうということです。ですから、それから導き出す教訓としては、七センチなら七センチ、五センチなら五センチ、二センチなら二センチと「自分で決めた間隔で釣り続けて」、その間隔でのアタリのパターンをマスターすればいいことだと思ったのです。

そんなこんなで、七センチ間隔の上下ハリで「釣り込み」ました。結果としては、最初の年に一〇〇枚以上の日が六回。このような結果になりますと、ハリ間隔は何センチでなければいけないとか、こうあるべきだなどという議論は滅多にすることができないという気持ちになったのです。もちろん私としても、七センチが最高などという発言は、厳に慎むべきだと言い聞かせたのでした。

オンリーワンのヘラ釣り

ハリ間隔が何センチであるかということは、その人の釣り方にも影響するわけです。私の場合は、たとえそれが七センチ間隔であってもなくても、あるいは二センチ、五センチ、一〇センチであったとしても、「出したいアタリ、出てほしいアタリ」というものがあったわけです。

そのアタリは目のさめるような、力強い、ウキが沈んで一瞬静止したような感じのアタリを夢想したわけです。具体的には、ドンと一～三目盛りほど沈んで、そこで一瞬ウキが静止するようなアタリです。

このようなアタリは、言い換えればエサの問題でもあるわけで、ヘラが食べごろのエサと思って安心して咽喉の奥まで吸い込んで吐き出さないエサ作りがセットになるわけです。

釣り人が一〇人いれば、一〇の釣り方が当然のようにできるわけですから、初めは誰かのを真似たとしても、人真似だけでは終わらないわけで、「自分の世界」をどのように作っていくかということでオンリーワンのヘラ釣りが出来上がると思うのです。

ハリ間隔は何センチですかという質問を受けるようになってからは、自己満足の世界に近づきつつある証左なのだろうと思えることもあるのです。

来年の三月まで冬眠

私がヘラの釣り堀に通い始めて、もう丸五年になりました。その前の年、今から六年前になりますが、六月に地元の八〇歳になる長老から誘われ、とうとうヘラ釣りに付き合うことになりました。一〇年来誘われていましたが、他の釣り（とくにハゼ釣り）があるものですから断っていたのでした。おまけに、家族が一人で釣りに行くのはダメと言って出してくれなくなったから、鈴木さんなんとかお願いできないですか、ということだったのでした。その代わり教えてくれるという条件付きでした。

道具はひと通り持っていましたので、エサと道糸、ハリを用意すれば釣りに行けました。その年は一ヶ月に一回とかで、半年で四回程度しかご一緒しませんでした。というのは、その人は一一月になりますと「来年の三月過ぎまで冬眠」と言って、冬場の釣りをやらなかったのです。お年寄りだから仕方ないかとは思いましたが、おっ放された私は不完全燃焼の状態でした。

釣り座すべてを座ってみた

そこで次の年の一月から、私一人で釣り堀に通い始めました。まあ私は私で、乗合船に乗って東京湾まで出てしまいますと、急用ができても帰宅困難ということになりますので、ちょうどそのようなことも予測できる事情もありましたので、乗合船に乗ることを差し控えていたわけです。そんなときに、いい按配にヘラ釣りを始めましたので、冬場の釣りとしてやってみたわけです。ハゼ釣りまでの中継ぎという気持ちでした。

まあズブの素人同然の状態でしたが、右も左もよく分からずに、釣り堀へ一人で通ったわけです。ただ、耳学問としてはいろいろと釣り仲間からヘラ情報を聞いていましたから、ひとつだけやってみようと思ったことがありました。

それが釣り座のことでした。そこの釣り堀には釣り座が一一六席ありました。釣りに行くたびに別の席に座るようにしたのです。ということは、一一六日通えば一回りです。実際は、その年は九〇回の釣行で、それもダブリで座った場所もありますので、一一六席は座りきれなかったのでした。

それが翌年に持ち越されて、どうやら一周したのですが、どうも私の心の中では何かがくすぶっていて、納得できない部分があったのでした。そこで、二回目の周回を思い立ちました。三年目の六月いっぱいで、なんとか一一六席すべてに二回ずつ座ることができました。

釣り座行脚を楽しむ

こんなことは誰に言ったところで何の自慢にもならないことなのですが、その釣り場へ通っている人たちは、誰も、私のようなことをやった人はいないようです。いつ来ても、同じ場所で、同じ長さのサオで、同じエサで釣って帰ります。そのような釣り方もひとつの釣りだと思います。自分が楽しめればいいのですから、気に入っている釣り座で釣るのがいいに決まっているのです。このように、いつもの場所で釣りますとそれはそれで、いろいろなことがそれなりに分かるのです。

ただ私は、釣り堀の釣りというものがよく分かっていないものですから、池の全体像を把握するには、単純に全釣り座で釣ってみるのがいいと思っただけでした。最近では、私よりも先輩の釣り人が、どこが釣りやすいかねえとか、何番は釣れる？　とか、私の意見を求めるようなこともあります。

一一六席を二周したわけですが、そのために三〇ヶ月かかりました。

釣り座巡りは私としてはデータ集めのつもりでもあったのですが、それはそれとして、行くたんびに違う釣り座でけっこう楽しんで釣りをしていたと思います。それが私のヘラ釣りのスタイルでもあったわけです。釣り堀のヘラ釣りといえども釣りなのですから、なにかしらひとつくらい、楽しみというか興味が湧くことをやってみようとしたのです。

一〇〇枚以上の実績がない釣り座を釣る

ハゼ釣りもヘラ釣りも、他の釣り人と同じことをするのがなんとなく嫌だったと言えば、当たらずとも遠からずというところです。まあかなりの天の邪鬼と言えるかと思います。そのおかげでしょうか、万分の一くらいは池の様子が分かってきたように思えます。

この釣り座行脚で気がついたことは、釣れるか釣れないかは釣り座のせいではなくて、自分自身の腕次第だということでした。釣り堀のヘラ釣りは、池の中にヘラがたくさんいることは分かっていますので、釣れるか釣れないかは魚のせいではないのです。そのようなことを改めて知らされたということが、収穫といえば収穫になります。

最近の釣り座巡りとしては、一〇〇枚以上を釣ったことのない釣り座を重点的に座るようにしています。このことをやりはじめたところ、どことなく意地になって、一〇〇枚以上を釣っていない空白の釣り座で釣りをしている昨今です。

なお二〇〇六～二〇一〇年の五年間で一〇〇枚以上を釣った釣り座は、全一一六席中九五席で、未達成は二一席です。九五席中、一〇〇枚以上を二回釣った釣り座が一五席、三回が三席でした。

当たり前のことをする

水温測定は当然の行為

ヘラ釣りをはじめて、おやっと気がついたことがありました。

そのひとつに水温測定がありました。私はごくごく当たり前のように池の水温を測ります。それは釣り師であれば当然の行為だと思っているからです。

ところが驚いたことに、私が温度計を池に入れていることすら、どなたも気がつかなかったのでした。逆に、水温を測っていることを知ると奇異の目で見られたと思います。

ヘラも水温の上下にはそれなりに敏感に反応すると思うのですが。

水温測定は、自分の釣果の理由を判断するための必須条件のひとつだと思います。

同じエサを使いこなす

エサについても同じことが言えます。私も時折、釣れている人にエサを訊いたりします。逆に私が質問されたりもします。

そのことは、同じエサを作ろうとするための質問であったりもするのですが、それは不可能な相談だと思うのです。質問されたエサを作った私でさえ、そのエサと「同じエサ」はできないという現実があるからです。また、似たようなエサができたとしても、それを追うヘラの環境が微妙に違ってしまい、手直しの必要すらあることがあります。

ですから私のエサに対する態度というものは「同じブレンドのエサを使い続ける」という一点に絞っているのです。まあ種類を増やしたとしても、多くて一〜二種類でしょうか。

あのエサ、このブレンドと、いろいろなエサの種類を使い分けますと、一種類のエサを長期間続けて使うということがなかなかできません。

結局、どのエサも中途半端な使い方になると思うのです。この場合の中途半端ということは、全然釣れないとか、その人が上達しないとか、そのようなことを言うのではありません。

ヘラの活性は千変万化ですから、それに合わせたエサを使うのは間違ってはいないのです。たとえそうであったとしても、手を広げすぎないことが大事だと思います。

エサについての私の当たり前とは、ごく少ない種類のエサを「使いこなす」、あるいは「使いこなせるようになる」ことです。

エサがついたハリが池の中に入っていないとヘラは釣れない

それは手返しについても言えます。私は、エサのついたハリが池の中に「常に」入っていることが、釣れる最大の条件だと思っているのです。ハリが手元にある時間は、絶対に釣れないということになります。釣果の差は、手返しの速度と回数に関係すると思っています。

ときどき、顔なじみの釣り人から釣果を訊かれます。それで思うのですが、釣り人によってどの程度の数が「当たり前の釣果」なのかと考えさせられることがあります。それは価値観とか、「常識」とか、個人個人の釣果の「限度」とか、「季節」とか、いろいろありますので、一概にはいいとも悪いとも言えないのですが、それでもかなりの意識差があるようです。

私などは、管理釣り場での釣りですから、暖かい季節で一日一〇〇枚、真冬で一日五〇枚は「釣れて当たり前」という意識があります。それが可能なだけのヘラが飼われているからです。ただ、それだけを釣り上げるだけの技量が決定的に不足しているという実感は十二分に感じているのです。まだまだ、ある日突然に一〇〇枚釣ったという状況が、現在の私の技量であろうと思っているのです。

懐中電灯持参は当たり前じゃない？

釣り堀は朝六時から釣り可能時間となっていることが多いです。冬場の季節は朝が遅くて、まだ暗いわけです。私は「当たり前のように」懐中電灯を用意して釣行します。暗い中で道具を出すからです。

暗いから行く時間を遅くするのが当たり前なのか、暗いから懐中電灯を利用するのが当たり前なのか、私は後者のクチです。これも個人で価値観が違うと思います。

玉網を使うのはアナログか？

私は玉網を使っていますが、使わない方もおられます。私はいつも玉網を使っています。

私にはどうも玉網を使わないで「棒でつつく」というハリの外し方が気に入らないのです。アナログ人間だと思われても仕方がありません。

玉網を使うことがヘラにとって「やさしい」ことなのか、そうでないのかは私にはよく分かりません。

冬には必ずテントを張る

真夏を中心とする季節は、雨が降る日にヘラを釣りに行きます。空いているし、テントがあるし、何よりも雨の日は釣れるという私のデータがあるからです。

冬は、雨の日は行かず、天気が良くて雨や雪が降らなくてもテントを張ります。テントの中の方が暖かいからです。私の当たり前は少し天の邪鬼でしょうか。

いろいろとありますが、要はヘラを釣るにあたっての行為は、すべて釣るためにあるものですから、より多くのヘラを釣り上げるための行為を当たり前のこととして考えればいいかと思うのです。

他の釣り人の楽しみ方にはいっさい干渉しない

ですから、釣り人によって「当たり前の行為」は千差万別だともいえると思います。

そうなりますと、十人十色の当たり前があるわけで、私の価値観というか、行動パターンを一般化して他の人にお勧めすることは、勇気がいる行動になってしまうのです。

結局のところ、口をつぐんでじっと自分の殻に閉じこもって、コツコツとヘラを釣っている自分がいるわけです。

自分にとっての当たり前が、他の人にとってはそうではないという現実が存在していて、それが世間の釣りというものだと感じているわけです。

そのことが具体的に表面化するのは、「ヘラ釣りの楽しみ方の違い」という形だと思います。

ですから、質問がされない限り、他の釣り人の「楽しみ方」にはいっさい干渉しないというのが、私の釣り場での処世術でもあるわけです。

一〇〇枚の難度とは？

ハゼ一〇〇〇尾はヘラ何枚に相当するのか

このところ釣行のたびに、底釣りでヘラを一〇〇枚以上釣れることが続いています。釣り座も毎回替えていますので、私なりにリスクを背負って釣っているわけです。

このようなペースで釣りができるようになれることを夢見て努力してきたのですから、現実としては喜ぶべき状態でもあるのです。

しかし、いつも心の隅に引っかかっていることがあります。それは、ハゼの一日一〇〇〇尾という釣果と比較して、ヘラは一日に何枚釣ればそれに相当するかという思いです。

ハゼ釣りの場合には、江戸川放水路のボート釣りで、そもそも、一日に一〇〇〇尾を釣ろうということで、そういう目標を定めて挑戦した人が皆無だったときに、私が初挑戦をしたわけです。ですから、一〇〇〇尾という言葉を口にすることすら、ある意味ご法度だったのです。

何と言いますか、馬鹿にされるとか、あきれられるとか、エッと絶句されるとか、まあいろいろな反応があったわけです。中には、それほどまでして「有名に」なりたいのかと言う人もいました。

私としては「一釣り師」として、ハゼ釣りの「テク」を身につけたい一心でしたし、そのための「手段」としての単なる目標であったわけです。ある一定期間に、ある程度の「量」を釣り上げるということが、自身の技術習得の到達度の「目安」だったというわけです。

ですから、一度一〇〇〇尾釣りに成功しますと、次の課題はそれを何回できるか、ということになりました。その次には、連続して何回できるか、になり、最終的には「一〇〇〇尾釣れる時期でさえあれば、いつ釣行しても、当たり前のように一〇〇〇尾を釣ることができる実力を会得する」ということに変化したわけです。

一日釣って二〇枚では納得がいかない

振り返って、ヘラ釣りを「釣り堀」＝「管理釣り場」で始めたときの心境としては「単なる」飼われている「商品としてのヘラ」を釣るという意識ですから、ハゼ釣りのときとは全く違っていたわけです。

その中心的な意識としては、「ヘラに馬鹿にされたくない」ということでした。

さあ、いくらでも釣ってみてくださいということで、池の中にヘラが飼われているわけです。しかも一〇〇や二〇〇の数ではなく、少なくても数千枚とか、あるいは万の単位のヘラが目の前の池の中にいるわけです。

それなのに一日釣っていて二〇枚とかいう数字では、なんとも「納得」ができないわけです。それが当初の私の「腕」であったのですし、突きつけられた現実でもあったのです。

ですから、ハゼ釣りのときと同様に、自己目標を定めて釣技の練磨をしようと思ったのです。それが底釣りで一日に一〇〇枚というものでした。

この数字はハゼのときと同じで、口にすることすらできにくいような目標だったわけです。私の計画ではスリーシーズンを回してみて、年ごとのチャレンジ課題を持って、四年目が勝負のシーズンとしていたのです。

最初はマグレで真の実力ではない

ですから、最初の年に一〇〇枚以上を六回釣ったときでさえも、それは単なる「マグレ」であり、真の実力ではありえないと思っていました。二年目は一〇〇枚以上がなくて、これは「いろいろ」と試しているわけですから、成功もあれば失敗もあるということで、経験の蓄積過程ですからとても我慢と辛抱が要る時期でした。三年目になっても目立った「心境」の変化がないし、釣果の方も「抜けた」ものがないわけです。ああーっ、もう三年かあー、という気持ちでした。

それが三年目の九月になって、突如として絶好調に。一〇〇枚以上を釣った日が九月、一〇月の二ヶ月で八回に達しました。一〇〇枚に届かなかった日でも、八〇枚、九五枚という好成績が何回かあったのでした。

四年目の年は、特に真冬には「ダンゴエサ」オンリーで釣り続けてみるという「新目標」にチャレンジしました。一日に五〇枚以上がターゲットでした。私としては過去に挑戦できなかったことでした。つまり、暖かい時期でさえもダンゴエサで一〇〇枚に到達できないでいる「腕」なのに、真冬にダンゴエサオンリーで釣る「自信」がなかったのが真相です。まだ時期が早いという認識が過去三シーズンにはあったわけです。

宙釣りの人とドッコイに釣れたら面白い

私が目標を設定する根拠めいたものがあって、宙釣りの人は底釣りの人よりも倍を釣って当たり前ということがよく言われていますが、ならば、宙釣りの人とドッコイに釣れるような腕になりたいという気持ちがありました。もしそうなれたとしたら「面白い」だろうなということです。遊び心でした。

冬については「段底釣り」とウドンの釣りが一世を風靡している現実がありますが、それらの釣りとダンゴエサの釣りとが同等にできたらいいなというものでした。

四シーズン目は一シーズンで三九回もの一〇〇枚オーバーを記録しましたが、これほど釣れますと何かが「抜けた」ような気持ちがするものですし、何かが空から降りてきて私にとり憑いたのではないのかという状況ですが、まだまだ技術的には未熟で、自分としては未完成な領域があまりにも多いと分かっている現実がありました。

いつ釣行しても一〇〇枚を狙える釣り

それは、釣っても釣っても新たな課題が「見えてきて」しまって、きりがないわけです。でも釣りというものはとことん突き詰めてみますと「職人技」とおんなじで、他の人が真似ようにも「同じもの」はやれっこない、ということがあります。

現状では、ハゼの一〇〇〇尾釣りとヘラの一〇〇枚釣りを比較しますと、ヘラの方がなんとも「簡単に」一〇〇枚を釣っているような気がしてならないのです。

このことはハゼ釣り二二年の蓄積があって、その経験をヘラ釣りに「応用できている」ということがありますので、ハゼのときよりは進歩の度合いが早いということもあるのだと思います。

それにしても「いつ釣行しても一〇〇枚を狙える釣り」というものが、現実課題として目の前に出されてきていると思うのです。

ということは、一〇〇枚というのは私にとってはすでに「当たり前」の釣果なのであって、「当たり前でない数字」はいくつかということになります。

リスクをかいくぐって「ようやくに到達できる」底釣りでのヘラの枚数とはいったい何枚で

しょうか。私が想定する枚数は「一五〇枚以上」というものです。

ということは、現実の一〇〇枚というものは、ハゼ釣りで言えば五〇〇～七〇〇尾とかいうものに相当するのであって、七〇〇というものは江戸川でハゼを釣る人の中には「時折」釣れる人が年間で一人、二人とかですがおられるわけです。

ですから、これからもヘラの底釣りで一日に一〇〇枚を釣る人がおられるかと思いますが、努力次第ではどなたもが到達可能な数字だということです。でもその釣果というものは、私の「感覚」からしますと、ハゼ七〇〇尾台までの釣果という感触です。

真冬に一〇〇枚を釣りたい

これからの私の目標は、「年間を通してコンスタントに一〇〇枚を釣り続ける」というものです。特に今後は一二～二月の真冬の時期に一〇〇枚を何回か釣ってみたいものです。もし実現したとしたら、こんなに面白くて楽しいことはないと思うのですがどうでしょうか。

釣りというものは趣味であり道楽であるわけですから、「楽しい、面白い、嬉しい」という気持ちが持てないのであれば、やらない方がましだと思っているほどなのです。

二〇一〇年一月二二日、一二七枚、二月一六日、一二一枚、二月二六日、一五五枚、一二月二日、一二四枚、一二月六日、一三三枚、一二月一三日、一二二枚、一二月一六日、一一五枚を釣りました。

二〇一〇年の一〇〇枚以上は釣行九五回で六三回となり、一五〇枚以上は三回でした。

真似るということ

訊き手の情報処理能力が不足していることがある

私はよく人真似をします。ヒトにできて自分にできないことはないだろうと考えるからです。でも、なかなかヒトには訊きにくいものです。それに、質問するときは大体が迷っているときとか、未熟なときが多いものですから、どうしても訊き手側の私の情報処理能力が不足していることが多いのです。

それにもかかわらず、説明する側がどういうわけでしょうか、必要な情報の半分も教えてくれていないと、「考えられる」ことがままあるように見受けられます。

それは釣りの世界では多いようです。考えてみれば、それは当然なのでしょうが、苦心して辿り着いた釣技をそう簡単に教えるわけにはいかないということとか、これは勘ぐりでしょうが、教えた自分よりも上達されては困る、というような感情があるとかではないでしょうか。

また、教える側としては、質問がされれば教えるが、質問されない限りは教えないということもあると思います。

このことは、釣り人というものは、ある程度の技量になりますと、プライドというか、そのようなものがあって、教えてもらうのに「恥を忍んで質問する」ことがあると思うわけです。質問する人はまだいいのですが、質問したくても質問できない人もおられるわけです。このような見栄や外聞を持つ人もおられます。

ですから、教える側としても、質問されたことには答えるが（答えてくれるだけでＯＫとします）、訊かれないことは言わないということがあるのです。

これは、質問を発しない人に対してはもっと微妙な感情があって、相手の感情を配慮してこちらからは言わないわけです。プライドを傷つけると思うからです。

このようなことをこれまでにさんざん経験してきましたので、私は質問されたときはできるだけていねいにお答えするようにしているのです。

オモリ合わせの目盛り位置

先日のこと、やはりウキについての質問で、エサ落ちはどの目盛りかという疑問が寄せられました。その方は私と同じ作者のウドンウキを使っているのです。一一尺ザオなので#11ということで質問がありました。以前には#10を使っていたのです。

ウキの戻りが早いとか、ナジミが出ないとかおっしゃるわけです。

空バリでオモリ合わせをするときに、トップの根元の黄色目盛りの下であわせたといいます。

それで水深を測るときにタナ取りゴムをつけて二つ上の赤目盛りの下で測ったとのこと。ハリの段差は七センチ。そうであれば当然のように、両ダンゴであれば中間の赤目盛りの下までナジミが出るはずです。下から七目盛りのナジミです。

ところがナジミが出ないわけです。訊いてみると、冬だからエサは小さくつけているとのこと。かなり小さく見えます。それに硬いと食いが悪いので軟らかくしているといいます。

このことは以前に私に質問したことをある程度忠実に実行していて、そうなっているわけですが、その前提としての使っているウキが違っているわけです。

そこで私は対策として、オモリを足して、空バリで下の赤目盛りの下側が水面へ出るように調節すること、つまりオモリを重くして二目だけトップの付け根から上まで沈めることですが、それができたら、水深は同じその赤目盛りを水面へ出すようにして測ること、をアドバイスしました。こうしますと、ナジミは最初に予定していた中間の赤目盛りの下付近になります。

はじめのセットと修正したセットではどこが違うかといいますと、二目沈めたことにより、ウキの浮力が弱められたということです。

トップの浮力は同じ太さのトップであれば、ムクトップよりもパイプトップの方が浮力があり、ムクトップ同士であればトップの太い方が浮力があります。また、ムクの場合はあわせたときの衝撃でトップの付け根から折れてしまうことを避ける意味もあって、トップの付け根が最も太くできていて、先端へ行くにしたがって細くなっているものが多いのです。

ですから、小さなエサを効果的に使いたい場合とか、できる限り軟らかいエサを使いたい場合などは、トップの浮力を抑える意味で、オモリを足してトップの付け根よりも上の位置の目盛りでオモリ合わせをすればいいのです。

こうしますと、浮力がかなり減退しますので、①小さなエサつけでもナジミが出やすい②軟らかいエサでもハリが抜ける心配が少なくなる③結果としてウキの戻りが遅くなり底へエサとハリが着いている時間が長くなる、ということになります。

私の場合は、以上のようにオモリを足す場合と、よりトップが細いウキに交換する、の二通りの方法をとっています。

まったく同じ浮力のウキはない

質問者が私と同じ作者のウキを使っている場合に注意点がひとつあるのです。これはすべてのウキ作者についていえるかどうかは分かりませんが、少なくとも私の使っているウキについてはいえることですので、ここで説明してみます。

たとえばウドンウキ#10とあったとします。私はいつも必ず「予備」のウキを用意しますので、#10についても五本持っています。これにオモリをつけて沈めてみますと五本ともオモリの量が少しずつ違うわけです。トップの太さや塗り方も微妙に違うのでしょうか、目盛りの沈み方も少しずつ違うのです。このことは#9でも#11でもみんな同じだったのです。このことから、まったく同じサイズのウキというものはないのだという結論だったのです。

このことを踏まえて他の人の教えとか、また、私がアドバイスする場合とかを考えませんと、肝心なところで行き違いができるのです。ですから、私はウキを訊いてくる人には、その人のウキを訊いてから話を聞くようにしているのです。

以上のようなことから、パイプトップの場合でもどの目盛りでオモリをあわせておくのか、何目盛り沈めるのかということで、水面へ頭を出しておくトップの長さを決めればいいのです。たくさん出しておけば風などの影響がありますがアタリは見やすいとか、ずっと沈めてナジミが出たら水面に二目か三目しか出ていないとか、使いようがあります。

人によってアタリのとりやすい目盛りが必ずある

これはその人の「好み」の問題であって、人様々に「アタリのとりやすい目盛り」というものが必ずあると思うのです。

自分の好みの目盛りを水面に出し、そこから何目盛り上がるまでにアタリを出したい、というのが私の釣りの仕方でもあります。

そのためには、どのウキでは下から何目盛りでオモリをあわせて、水深はどの目盛りで測るのか、それともオモリをあわせた目盛りと同じ目盛りで水深を測るのか、など、トップの太さ、長さ、ボディの太さ、トップの付け根のところのボディの肩の張り具合などを見て判断して決めているのです。

ムクトップといえども浮力はあるわけですから、エサのつけ具合によってはウキの方がエサよりも勝ってしまうことがあります。ですから、このウキはこの大きさのエサなら何目盛り沈むといったデータを承知していませんと、小さすぎるエサつけをしたときとか、軟らかすぎて途中でバラケてしまったとかのときには、どうしてもナジミが出ないとか、出にくいとかの現象が起きます。

人真似はとても難しい作業

少なくとも、私はそのようなことを考えてその時々のウキ使いをしているつもりです。例えば#10使用と書いても五本持っていますので、メインは決めてあっても、アタリとか水温や風などの状況によってどれかのウキに替えているわけです。ですから、質問の答えもその日のオモリ使いになっていることもありますので、ウキ使いは当然、その日の状況によって異なるわけです。

それをそのまま鵜呑みにして別の日とかに実行するとか、その日であっても私のウキとはサイズの違うウキで同じような操作をしたとしても、同様のウキの動きにはなりにくいと思うのです。

ですから、質問して訊くということと、実践するということ、つまり人真似をするということは、実はとても難しい作業だと分かると思います。

そんなこんなを思っていますと、三〜四年前の試行錯誤していたウキ使いの日々が想い起こされて懐かしい気持ちがすることがあるのです。

圧倒される？

ストレス解消に来てストレスが溜まる

どの釣りでもそうなのですが、ヘラ釣りをしていて隣で釣っている人が自分よりも釣っていると、一応は「いい気持ちはしない」ものです。

その釣果の差が僅差であって、抜いたり抜かれたりであれば、まだいいのですが、例えば私が二〇枚のときに、隣はすでに四〇枚とか六〇枚の釣果であれば、もうどうしようもない差ということになります。

それは釣っていてペースが分かるわけです。私が一枚釣るうちに隣は三枚も四枚も取り込むわけですから、それもバチャバチャと水音がしますので、気分は最悪なのです。顔で笑って心で泣いて、ということなのです。

そうなりますと、よほどのことでもない限り、ストレス解消に来ていて逆にストレスが溜まって、欲求不満で帰宅することになります。

このようなことは、随分とこれまでに経験してきました。とくに管理釣り場ですと肩を接するように釣り座に並んで釣りますので、余計に気分が悪いのです。

これは腕の違いと言ってしまえばそうなのですが、なかなか、その腕の違いを許容しにくいのです。悔しい気持ちが先に立ちます。

そのうちにその人の方を見ないようになってしまいます。口も利きたくなくなります。あの人は上手だから仕方がないとあきらめの気持ちで受け入れられればいいのですが、人間生身ですから、なかなかそうはいきません。

そんな私でも丸五年もヘラ釣りをしてきますと、なんとかかんとか釣れるようになるものです。

人によってヘラ釣りの姿勢が違う

最近は、私が行きつけの釣り堀へヘラ釣りに行きますと、「鈴木さん」、と言って並んで釣る人と、近づいて来ない人とに分かれたような気がしています。そのことは、私もなんとなく雰囲気で分かるものですから、なるべく早く釣り堀へ行って、他の人たちが来ないうちに釣り座を決めることにしています。

私のヘラ釣りの目標は①ヘラに負けたくない②ヘラと勝負する③一日一〇〇枚というものですから、遊びではあるのですが、真剣勝負のようなものがあるわけです。このへんの気の持ちようが釣りの姿勢に出ると思うのです。

この点は、気づいている人がいて、そのことを私に言う人もいるのです。ただボーッとなんとなく釣りに来ているんじゃだめなんだよね、とおっしゃるわけです。かといって、現役の仕事をしていたときのように「気合を入れて」ヘラ釣りをする気持ちになれないこともあるようです。

このことは定年退職した直後の人によく見られる現象です。人生の目標喪失というところです。あとの人たちは「数釣りを放棄した人」たちだと思えます。とはいっても、入れ食いの時間があったり、一日に五〇枚も釣りますとご機嫌で会話も弾んでいる様子なので、それを見ていますと私は別の感慨もわくのです。

しかし、大方の人もそのことは分かっていて、それでいて、その気持ちを私に向かって直接に吐露しないだけのことだけだと思えるのです。

こうなりますと、単に釣り堀のヘラ釣りとはいっても、これまた人生の縮図のようなもので、仕事をしていたときの人間関係に対しての心遣いと同じようなことにもなりかねません。

もともと、私は一人でのんびりと「探究」する釣りをしていましたので、今でさえも「一人の釣り」を心がけ、一人で楽しんでいるわけです。

釣れているときほど謙虚にする

一月初旬のこと、いつものように一人でテントを張って準備をしていますと、三人のグループが来ました。私のことはまったく知らない人たちらしくて、私の隣に一つおきに釣り座を取り、「底釣りですか」と質問してきました。

私がそうです、と答えますと、ひとしきり宙釣りのことを愚痴って、隣が底釣りでよかったとおっしゃったのでした。

私も宙釣りが隣へ来なくてよかったと思っていたところ、なんと、その三人は全員が段差の底釣りだったのです。

なんだ、段底を「底釣り」だと思っているんだ、と思いました。ということは、少なくともその方たちは「ベテラン」ではないと思ったのです。

その人たちとほとんど同じ時間に釣り始めたのですが、その日は私が五三枚で、その人たちは三～一五枚でした。その人たち曰く、バランスの底釣りで両ダンゴでこんな真冬に釣れるんですね、というのです。

口ぶりだと、真冬は段底とかウドンとかグルテンの釣りだと決めてかかっている様子でした。別れ際に一言、「圧倒されました」という言葉が印象に残りました。

そのことは、今のように釣れるようになるまでに、私が誰かに「圧倒されていた」ので、その気持ちはよく分かるのです。

それだけに、私が釣れているときほど、周囲に対して謙虚に振る舞わなければいけないと思う昨今です。

仮説を立てて検証する

釣れる人の上下のハリの間隔は気になる

面白いと思うことがときどきあって、一人でおかしくなることがあります。

それは、自分のヘラ釣りの「実力」がどの程度のものであったのかということが、分かるときがあるからです。

五年前の冬に、その年はヘラ釣り初年度ですが、そのときに上バリと下バリの間隔、これを「段差」というのですが、その言葉をまだ知らなかった時代ですが、そのようなときに、段差を五センチがいいのか、三センチでいいのか、八センチがいいのか、どうしても「選択」を迫られるということがあったわけです。実際にヘラを釣るわけですからどれかに決める必要があるわけです。

私の「性格」としては、どうしても上下のハリの各間隔を「実際に」「試してみて」どれが一番「釣れる」のか、調べてみるということになったわけです。

今から思えば、「段差なんてものは」（言い回しは乱暴だと思うのですが）、要するに何センチでもいいのだというのが私の結論になっているのですが、その結論に達するまでの過程が「迷い」

の日々だったと思っているのです。

初期のうちは、段差何センチとかの人が私よりも多く釣りますと、その段差の方がいいのではないのか、というような迷いと言いますか、そのようなものが気持ちに芽生えたことが思い出されます。

段差七センチを固定して押し通した

段差についてては結局は七センチにしたのですが、何の科学的な「根拠」らしきものはなかったのでした。たまたま七センチのときに「いい釣り」ができたことが「固定」するきっかけになったのですから、「縁」とかいうものは、まぐれ当たりでめぐってくるものだと思うのです。

私はそれに輪を掛けて一本気なところがありますので、七センチで押し通したわけです。つまり、ヘラが釣れないのは「段差」以外のことが原因としてある、という立場で通したわけです。

気がついたらすぐに変更する、ということは極めて大切ですが、失敗しても失敗しても七センチの段差を変えない、ということもとても大切なことだと思うのです。

失敗の原因が「段差七センチ」にあるのではなく、実のところは自分自身の腕が未熟であることが真の原因ということもあるからです。どちらかというとこちらの方が本当の原因であったりするわけです。

ヘラのハリは巨大に見えた

ハリにしてもそうです。私よりも余計に釣る人がいるときは、その人のハリを参考にした方がいいのではないかとか、迷うわけです。

ハリのサイズについては、上3号、下1号ですが、下バリをはじめに決めてからそれにあわせて上バリを決めました。

このことは、笑ってしまえると思えるのですが、実はハゼ釣りをしているときに、袖バリ1号を使っているわけです。これはあくまでも個人的な事情があって、それは一日に一〇〇〇尾のハゼを釣りますと、ハゼをハリから外すためにハリのチモトが当たって右手の親指に「穴が開く」わけです。それを極力避けるためにたどり着いたのが袖バリ1号だったのでした。

ヘラのハリは同じ1号といっても袖バリ1号とは比較にならないほど「立派で」「太くて」「丈夫に」できているのです。ましてやハリをもっと大きなもの、たとえば上5号、下3号などというものを結んでみますと、これはもう私の感覚としては「巨大な」ハリということにしか見えないのです。

こんなでかい丈夫なハリで一日に一〇〇枚を釣ったとしたら、ましてや「スレがかり」もありますので、ハリを外す実数はもっと数が多いのですから、恐らく右手の親指と人差し指、中指などの「損傷」もあるだろうと「憶測」したわけです。

というのは、現実としてはヘラ釣り初年度で釣りの腕はベタベタの素人ですから、まず手のことを心配するほどは釣れないわけです。ですから、指の損傷などということは全然なくて、小さなハリを使っているメリットというものは手についてはなかったのです。

パチンコ玉を拾ってきた

ただ、小さなハリを使うことにしたもうひとつの理由は、「エサを大きくつけたくない」ということでした。まあ、大きい小さいといっても「限度」というものがあるとは思いますし、それは段差の底釣りとか宙釣りはぜんぜん別の次元のことですが、バランスの底釣りということで、「常識的」に考えてヘラのエサつけは「パチンコ玉の大きさ」ということは予備知識としてありましたので、初心者としてはそれを意識したわけです。

ですからパチンコ玉よりも大きくつけるか小さくつけるかというパターンです。とはいっても、実際に拾ってきたパチンコ玉の実物を前にしますと、それが意外と大きいわけです。あれはまん丸ですから、それと同じくらいの大きさにエサを丸めてからつぶしてみますと結構ボリュームがあるわけです。

そんなこんなで私のエサつけはどちらかというとパチンコ玉よりも小さめでスタートして、それが長い間続いていたわけです。

冬の釣りでいえば、どちらかというとダンゴエサは「小さく」つけていたと思っています。夏場でも小さかったと思っています。この原因は「上ズリ」というヘラの現象をかなり「意識して」というか「戒めて」いましたので、それはどちらかといいますと「恐れ」という感情に近かったと思うのです。

上ズリといいましても、水面へヘラが出てくるのは私の底釣りにとっては「痛くも痒くも」ないわけで、そんなことは水温が高く、ヘラの数が多いときはどれほど気を遣ったとしても避けられない一面があるわけです。

かといって、水面へ出るヘラをゼロにするというエサつけなりエサにしますと、どうしても底釣りで一日に一〇〇枚が釣れるというようなヘラの寄り具合とか、アタリの出し具合にはなりにくいことがあるのです。

この現実は最近では多少なりとも改善できて、水面へヘラを出さずに一〇〇枚を釣れることが多くなりました。これは一〇〇枚釣りの実績とか冬場で五〇枚とかの実績を積んできて実現できたことだと思うのです。

こういうことがだんだんと分かってきましたので、エサの大きさそのものは従来よりも大きいものをつけることも多くなりました。一回り大きくしたというところです。もちろん、アタリの出る頻度やアタリのパターンによってエサの大きさは、ときどきとか、毎回とか、違えるということはあります。小さなエサの方が一発のアタリで釣れる確率が高いときもあるからです。

ですから、最近の真冬の釣りは昔とは全く違うエサ打ちをしていますし、釣りそのものもかなり大胆なダイナミックな釣りをしていると思っています。言い換えますと、一月なのに夏場のような雰囲気の釣りをしているということです。

真冬にヘラが上ズリますと、つまり底から三〇センチとか五〇センチとか上にヘラがいて中層のエサに反応していて頭を池の底に向けてくれない現象、それを上ズリと正確には言うのだと私は理解していますが、それがありますとウキのナジミが出るかなり前にヘラのサワリがあって、ナジミが出てからは全くウキが動かないということになると思うのです。

このような上ズリという現象を「恐れて」、エサを硬くするとか小さくするとかいろいろと対策を取るのですが、結局は、一日で三〇枚で終わってしまうとかいうことになるのでした。

試行期間を作って実験してみた

そこで私は逆にエサを大きくつけて試してみたわけです。釣れなくてもいいという気持ちでした。このような釣りを試行期間を設けて「実験」してみたわけです。

ここには私なりの仮説があって、下を向かないのならば、下を向きたくなるほどたくさんのエサを池の底にためてやろうと思ったのです。つまり、真冬であるにもかかわらず、エサ打ちの回数と一回当たりの量を増やしたわけです。そうは言っても、宙釣りや段底釣りのような「巨大な」エサはもってのほかで、そのような大きさのエサつけではないのです。あくまでも私の基準とするパチンコ玉よりもちょっと大きいかそれとも同じ程度かというものでした。

このことが功を奏したのでしょうか、上ズリという現象に悩まされることなく、順調にアタリを出しつづけることができたわけです。

仮説が的を射ていても腕が未熟で結果が出ない

ウキについてもどちらかというと私の場合は感度のよいウドンウキを専門に使っています。それも8番~10番など小型のものが多いのです。これはエサつけの大きさと関係があるウキの選択ですが、冬場で10番はこれまで全く使わずに来たわけです。8番、9番というサイズでした。

ところがエサつけを「変えた」わけですから、ウキも10番を積極的に使うことにしたのです。真冬であってもヘラさえしっかりと寄せられれば、アタリはしっかりとした大きなものが出せるという仮説を立てたのでした。

このことはベテランのヘラ師の方たちは先刻承知のことかもしれませんが、私の場合にはそのような仮説を実証することができる「腕」にようやくのことで到達しつつあるということが気持ちとしてあって、もうそれを試してもいい時期になったのだろうと思ったのでした。

このように仮説を立てて実証試験をするということは、学問の世界とか技術の世界ではごくあたりまえのことだと思うのですが、釣りの場合でも、あることを想定してそれを現実に可能とする実証が必要だと思うのです。

そのような実証試験をする私の側の「腕」の問題は深刻で、三年前、四年前の私では仮説がいかに的を射たものだとしても、それを現実に形として、つまり、「釣果」として現出することがままならなかったと思えるのです。これは真実、誠のことだったと思うのです。

そのために失敗や落胆等いろいろとつまらない思いをしたこともありましたが、いまとなってはいい思い出になっています。

やはり失敗してもあきらめずに、きっとできるはずだという気持ちを持ちつづけてチャレンジすればウデも上がるし結果も出せるということを改めて知ったと思うのです。

ヘラ釣りをして悔しかったこと

釣り堀で一日釣って二〇枚はおかしいという気持ち

最近ではあまり感じない悔しさというものを、ヘラ釣りを再開した当初はよく味わったものでした。

目の前の池の中を何千枚とか何万枚とかのヘラが悠々と泳いでいるのに、一日釣っていて一〇枚とか、三〇枚、五〇枚とかの釣果だったのですから、とても悔しい思いをしたのです。たった二〇枚だけというのは「おかしい」のではないのかという気持ちです。

もちろん、釣り人の中には池の中にヘラがどれほどいるのかということについて考えたことすらないという人が多いということもあるでしょう。

私の場合は、江戸川でのハゼ釣りを長年していましたので、ポイントによってはここでは何尾くらい釣れていいポイントだというような目星をつけて釣りをしていました。釣れなければ目算違いということでハゼのいる場所を探して歩いたわけです。

釣り堀のヘラ釣りの場合は、なんだかんだといっても目の前の池の中に魚はいるわけです。ヘラがいない場所で釣りをしてしまったということがないわけです。

とくに暖かい季節のヘラ釣りというものはヘラが自由に泳ぎまわっているのだし、エサに寄せられてたくさん近寄ってくるわけです。そのような、活性といいましょうか、ヘラの行動範囲が広いわけです。

目の前の池にいるヘラが釣れないのを言い訳できない

真冬の場合にはある程度の「巣」といいましょうか、越冬するのに適した場所にヘラが集まる習性があると思うのです。それに水温が低いのでヘラ自体がさほどに動かないといいますか、回遊もあまりしないとか、つまり活性が低いわけです。

ですから夏場と冬場では釣果そのものを数字で比較するのは困難であるのですが、私の場合には冬は一日五〇枚、その他の季節は一日一〇〇枚というラインを目安に釣りをしているのです。

通い始めた当初は平均釣果が真冬で二〇枚とか、真夏で四〇枚とかいう数字でしたから、今ではその倍以上を釣れるようになったということです。

ハゼ釣りの場合には、どこにいるのか分からないハゼを探して釣るわけですから、思い通りに釣れなかったときは、ポイント選定が不十分だったということで、自分の技術的問題は多少なりとも先送りするとか目をつぶるとかできるわけです。

ところが釣り堀のヘラ釣りの場合には、目の前にヘラがいるわけですから、どのような言い訳も自分に対してできないのです。少なくとも私にとってはそのようでした。

ヘラと勝負する目安は一日一〇〇枚

やはり、釣り堀の場合では、アタリというものは適度に、頻繁にあって当然だという認識なのです。

それが初めのうちはウキが動かないというありさまだったのです。アワセの回数が極端に少ないという現象です。これではどうしようもありません。

なまじ飼われているヘラの枚数など考えさえしなければ、そのような悔しい思いをすることもなく、他の原因を適当に考え出してそのせいにしさえすれば済んでいたと思うのです。

ところが性分でしょうか、考え始めたらキリがなくなって悔しさだけがつのるわけです。一日釣っていて三〇枚などというのは「おかしい」という気持ちです。ですから、ある時点からは「ヘラと勝負する」という感情が鮮明になってきたのです。

ヘラと勝負する目安として一日一〇〇枚という数字を設定したわけです。このところはコンスタントに一〇〇枚という釣果を打てるようになってきたと思っています。

ジャミが釣れて楽しい

小型のヘラは空ツンが多い

このところ釣り堀でヘラ釣りをしていますと、水面をブチュブチュと泡立てながら小魚が集団で泳いでいます。近づいてくるのをよく見ると三センチ前後のミニヘラブナです。大群です。今年の春孵化したものでしょう。

エサをつけて振り込みますと、近くのミニヘラは一斉にもぐっていきます。もちろんそんな小さなヘラはハリにかかりませんからアタリがあったとしても空振りです。それとあまり小さなヘラは水圧に負けますので三メートルもの水深では定住できないはずなのです。ですから落ちて行くエサに絡まる程度だと思っています。

これらのヘラも、一年も経ちますと体長七～一〇センチほどになります。このヘラはとてもよく空ツンを出してくれます。それでもときどきはハリを食っています。

三〇センチ以上のヘラがたくさん寄っているときは小型のヘラのアタリは目立たないのでしょうが、大型ヘラの数が比較的少ないときには、数が多いミニヘラの攻撃がすさまじいのだろうと思うのです。

ですから、そんなときは空ツンの連続ということになります。そうであってもあわせたときに大型ヘラのボディを擦ることもありますので、すぐ近くに大型がいることは確かなのです。

ダンゴは難しいと言われて戸惑う

こうなりますと「アタリの見極め」という眼力がとても大切になってきます。私は両ダンゴの釣りですから、「当然のように」アタリは出っ放しの状態です。人によってはダンゴは難しいといいます。何度もそのような言葉を聞きました。エサというものは要は使いようだと思うのです。また慣れだとも思います。好みのエサを使えばよいのです。

私はヘラを本格的に始める前はレンギョ、ボラ、コイなどをダンゴで釣っていましたから、ダンゴエサに対するアレルギーのようなものはなかったわけです。それでヘラを誘われて水光園へ行ったときもダンゴエサを持っていったのでした。それでずっとダンゴです。それだけのことなのですが、ダンゴエサは難しいといわれても私は戸惑うばかりです。

人によってはダンゴだとウキの動きが多いのでどのアタリをあわせていいのか悩んでしまうから嫌だという人もいます。夏場の季節の話です。そのような人たちは冬はといいますとウドンを使う釣りで、結局はダンゴは一年中使わないということになるのです。

ですから最近は右から左に聞き流すようになりました。鈴木さんはダンゴを使うのがうまいよなあと言われます。私にはそんな気持ちは全然なくていつも悩んでいるわけですが、一年中ダンゴで過ごしますと季節によってのヘラのアタリ具合がトータルで分かってきます。それが収穫といえば収穫です。

これまでは冬は感嘆とダンゴのセットとか、力玉とダンゴのセットとか、感嘆と力玉のセットとか、両感嘆とか、両力玉とかで、両ダンゴオンリーで冬を釣るということが少なかったのでした。それを思い切ってやってみたわけです。

エレベーターは見逃せる

こうしていますと、小魚のアタリというものがどうしてもあるわけです。ダンゴでは集魚力がありますので、どうしても大中小の魚が寄るわけです。クチボソだって大きいですよ。丸々と太っていて、スレでかかってくるミニヘラよりはずっと立派です。

そんなジャミたちのアタリの典型的なものはエレベーターと呼ばれるものですが、これはまあ大体が見逃せるわけです。ときには食い上げかと疑問を持つこともありますが、いまいち力強さが欠けますので見逃すわけです。

ヘラのアタリの見極めの基準は、私としては「力強さ」ということが最大のポイントになっています。ただ速いだけとか鋭いだけとかではハリ掛かりの確率が低いと思っています。

いわゆる「ドン」とウキが沈むアタリで、沈んだウキが一瞬止まって見えるようなアタリです。これは私の理想の出したいアタリです。

このアタリの出る確率は四～五月とか一〇～一一月の季節が圧倒的に高いですが、真冬でもそのアタリが出せるようになってきました。

私の目標としてはもうひとつ別に、一日一〇〇枚を釣りたいというものがありますので、食いアタリとおぼしきアタリのパターンを私なりに何種類か心に決めておいて、それをあわせるわけです。どのアタリが本日は多いのかということになります。

ジャミの存在は自然に近い

このことはエサの仕上がり状態とか私のエサの使い方の微妙な変化などがあって、日によって時間によってアタリの出方が違います。

それを承知していませんと釣れない原因をすべて魚のせいにするとか、天候のせいにするとか、釣り堀の池の管理のせいにするとか、エサのせいにするとか、まあいろいろと自分以外のせいにするわけです。

その中にはジャミが多くてダメだというような言葉も含まれるのです。でも私は管理釣り場とか釣り堀とかいえどもジャミの存在はより自然に近いものだと思っているのです。

虹の色だって七色だから美しいと思えるのであって、これが赤一色とか緑一色などとなったら美しいのを通り越して毒々しいことになってしまいます。釣り堀だっていろいろと魚がいてもいいと思うのです。

ジャミと遊ぶのも楽しみのひとつ

私は釣り堀といえどもウキが動かないという釣りはとてもつまらない釣りだと思うのです。それは辛抱が足んないよと言われてしまうのですが、動かないウキをじっと待つ辛抱には頭が下がります。

動かないといえば、ウキが動かないようなエサをわざわざ作って釣る方もおられるわけですから、それは驚異です。つまりジャミを避けるためにヘラまで遠ざけてしまって、アタリがあったらそれは完全にヘラだけというものを待って釣っているわけです。

そのような辛抱の仕方というものは、少なくとも私の現在の気持ちにはマッチしないものですから、ダンゴエサを執念深く使っているわけです。

ジャミのアタリかヘラのアタリか、食いアタリかそうでないかとか、いろいろと考えながら釣っているのもいいものです。

ジャミと遊ぶのも楽しみのひとつだと思うのですが、ジャミを嫌う人もいますのでジャミにとっては何の罪もないことですから災難だともいえます。

メッキがはげたと言われたこと

真冬の釣りで納得がいかない状態

二〇〇八年一二月二九日だったと思います。釣り場の知り合いで八〇歳になるお年寄りが、私に「メッキがはがれましたね」とおっしゃいました。

もちろんそれは、水温が低下してからの私の釣果の低迷を見て、そのような発言になっているわけです。

そのお年寄りの所属する数人のグループがあって、その仲間内で私のことが話題になっているのであろうことがよく分かるわけです。

暖かい時期、私の釣果が時に一〇〇枚超ということが続いていました。従来からの「大釣りの鈴木さん」という見方もあって、そこへいきなりの釣果低迷ですから、私の腕についてある種の疑問符がついていたのだと思うのです。

そのことは、私のヘラ釣り技術に対しての懐疑でもあるわけです。

そんなときに、私自身は真冬の釣りについて納得がいかない状態といいますか、自分の釣りというものが出来上がっていないという不満があったわけです。まだまだ模索中なわけです。

五年前の一月から、ワケもよく分からずに真冬のヘラ釣りをはじめて、手探りでいろいろと試していたのです。

初心者だったころでは許せたことが、いまでは許せる許容範囲を超えているわけです。「もうこんな自分が許せない」という気持ちでした。

真冬を両ダンゴで釣るテスト

メッキがはがれましたねと言われた年の真冬は、いよいよダンゴエサをメインで釣ってみたいとの希望を持っていました。そこで一二月中に、従来の感嘆と力玉とダンゴをセットにした釣りと、ダンゴ主力の釣りと、二通りの釣り方を実践して様子を見たわけです。

その結果、一二月前半は従来の釣り方で貧果が続き、中旬は両ダンゴで大釣りできたわけです。月末には、気温と水温の低下が著しかったので、またまた、従来のセット釣りを試してみたのですが、またまた貧果だったわけです。貧果といっても過去の実績の範疇だったということなのですが、要するに「進歩がない」と実感したのです。

その月末の私の様子を見ていて「メッキがはげましたね」という発言になっているわけです。現実としては、テストは年を越した一月三日の釣りで実質的には終わりましたので、一月六日からは主力をダンゴに替えて、補助エサとして力玉、感嘆を用意するようにしたのです。結果は、一月六日が三四枚、一月八日が六三枚ということで、ダンゴでの実績ができたわけです。六三枚は、真冬の釣りとしては過去最高の釣果だったのです。

鉄棒でも磨けば光る

あちこちでメッキうんぬんという言葉が出るということは、私のことが陰で話題に上っていることの証しでもあるのです。

その方に申し上げたことは、「メッキなど初めからかかっていないのですよ」ということでした。普段は真鍮か鉄棒で、錆びついていますよと申し上げました。ただ、一生懸命に磨いていますから、ときどきは光るんですよね、という意味のことを言いました。まあ笑い話です。

宝石だって、磨かなければ光らないわけです。ましてや、私のようにシニアになってからのヘラ釣りは、素材そのものが銅か鉄か真鍮か、そんなものだと自分では思っていますし、しかもシニアまでヘラ釣りの経験がありませんので、自分という素材に対しての磨きの掛け方すらもよく知らないで釣りをしているわけです。ただ、ヘラを釣りたい、ヘラに馬鹿にされたくないという一心なだけなのです。

そのことは逆に、ヘラ釣り経験豊富な人たちが、時には私の釣果よりも数段劣る釣果のことがあるという現実に、私自身が驚きの気持ちを抱いているのです。

ということは、まさに「玉も磨かざれば光なし」の格言通りだと思えるのです。

釣り場での駆け引きは必要がない

私にメッキうんぬんをおっしゃったお年寄りは「能ある鷹は爪を隠す」ともおっしゃいました。私に忠告をしてくれたのだと思いました。ありがたいことだと思いました。

その方はあるグループに所属していますので、処世訓として格言を実行されているのだと私は思いました。

一般的な同好会とかグループの場合、上手すぎることはある意味タブーなわけです。賞金稼ぎなどという肩書きを頂戴することもあるのです。ですから、手加減する「ハイテク」も必要になります。つまり駆け引きです。

しかし、少なくとも私にはその言葉は不必要だと思っています。釣り場での周囲に対しての「駆け引き」は、私に関してはまったく不要の行動です。まっさらな私を出せばそれでよいと思っているのです。

つまり、釣れないときは釣れない、釣れたときは釣れた、それでいいと思うのです。どの会にも無所属の私だから取れる行動でしょうか。

趣味の釣りに来て、周囲の人間関係で神経を使うということが、私にとってはとても辛いことです。ストレス解消に来て、別のストレスを感じてはつまらないと思うのです。最近は、「孤独に」釣りをすることを今まで以上に楽しんでいます。

釣り場で私にとって一番大切なことは「ヘラと勝負する」ことです。同席する釣り人と勝負などする気は初めからないわけです。

私よりも釣れた人がいれば、その人の釣り方の何かが参考になるのだし、それを次回か、あるいはその場で取り入れればよいことです。それを自分の技術としてしまえばいいわけです。

私よりも釣れなかった人の釣り方は、反面教師として、そのような釣りをしてはいけないのだと教訓にするわけです。

私の釣りがメッキされたものかどうかは、これからの真冬の釣りの釣果次第で、その方たちの仲間内であらためて話題に上るのだろうと思っています。

私の素材がなんであろうと、私はコツコツと磨きをかけていくだけのことです。

お付き合いの釣り

誘われるから行くお付き合い

なにをもって「お付き合いの釣り」というのかは、人によって違うと思います。

でも、一人で釣りに行くことは少なく、たいがいは同伴者がいることが多いと思うのです。

一緒の車で行くことも、釣り場で集合することもありますし、釣りの会のこともありますし、小規模なグループのこともあります。

お付き合いということになりますと、参加することに意義あるという側面があって、適当に他の人に合わせて釣りをすることが多いと思います。

接待のようなことも時にはあります。相手よりも釣ってはならないとか、やたら誉めるとか、食べ物、飲み物を差し入れるとか、気を遣うわけです。

本当の意味でのお付き合いの人は、腕があまりない人たちです。誘われるから行くということが多いのです。要するに、処世術としてのお付き合いです。

親睦会的グループでは賞金稼ぎといわれる

腕がそこそこいい人は、ほどほどに釣って、あとはブラブラと見物して歩くなどします。そのグループ内で釣果が突出しますと具合が悪いから、適当な釣りをします。もちろん、その会なりが純粋に競技会であって、親睦会的などでないときは別です。

私がサラリーマンだったころ、やはり会社の釣りクラブの役員をしていますと、私自身はとてもとても一位などということはなれてもなりません。釣っている段階で順位を予測して釣果を「調整」してしまうのです。

役員をしていない釣り人の場合には、そう毎度毎度入賞しますと、「世間体が悪い」ということで、つまり柄が悪いということで遠慮するのです。

時には、上手な人に初めからハンディをつけることだってあるのです。

会社とか地域の釣り会などは、このように「処世術」が必要なことも多いのです。甚だしいときは、賞金稼ぎなどという陰口もされるのです。

ですから、腕を磨こうとする釣り人ほど居心地が悪いこともあります。

釣り物は生活環境で変わる

私のヘラ釣りも、当初はお付き合いの釣りでした。道具を揃えてから一五年、やったりやらなかったり、誘いがあれば行くが、なければ行かないし、断れないから行くとか、仲間ハズレになりたくないから付き合っておくとか、そういう釣りでした。

誘ってくれる方でも、「鈴木さんは数のうち」程度の腕ですから、上位入賞は間違ってもありませんので、声をかけやすかったと思っています。

つまり、私自身も真剣にヘラ釣りに向き合っていなかったと思っています。

そのような心がけのヘラ釣りでは、特別に上手になるなどということはあり得ません。不可能です。私自身の釣果の推移がその証明のようなものです。

そのことが一変したのは六年前のことでした。釣り物というのは、年とともに変わるものですし、自身の生活環境の変化で一瞬にして変わってしまうものです。

私の場合、まず「命を賭ける」ような釣りをカットし、家へすぐに戻れないような釣りをカットし、体力がいるような釣りをカットし、というようにしてきました。

今では、ハゼ釣りとヘラ釣りだけを残した状態です。もちろんこの二つは、釣行日数が多いのです。ハゼが年間三〇日、ヘラが八〇日というペースです。ハゼ以外をカットした結果としてヘラの日数を増やしたのです。

右手の親指に穴があくという釣り

ハゼの日数が三〇日と少ないのはなぜかといいますと、週一回のペースを望むからです。というのは、ハゼを一日に一〇〇〇尾も釣りますと、右手の親指に「穴」があくのです。一度ですぐにそうなるのではなくて、一週間に二回とか、二週間に五回というペースで一日一〇〇〇尾などという釣りをしますと、「確実に」指に穴があくのです。これはハリのチモトが触ってそうなるのです。

そのことを嫌いますので、一〇〇〇尾釣れる季節はどうしても週一のペースにしています。

本当は一日五〇〇尾くらいにペースを落として回数を増やせば、日数は余計に通えます。でも、それではつまらないから、目いっぱい釣ってしまうことになっています。道楽をしてつまらないことほど、つまらないことはないからです。ですから、ワンシーズン三〇回とかの釣行になります。

データの連続性に穴があく

ヘラは、年間を通じてコンスタントに通って楽しみたいのですが、ハゼの季節にはどうしてもハゼ釣りの分だけ少なくなるのです。今のところはそれでよいと思っています。

この五年間のヘラ釣りは年八〇日ペースですので、お付き合いのヘラ釣りというものは数えるほどしかありません。

私の場合のお付き合いとは、単純に同行者がいることだけです。始まりが遅くて終わりが早い、そして昼食休憩が三〇分以上ある釣りになります。

一年のうち、時にはそのような釣りもあります。それはそれでいいと思えるのです。いつもいつも、ヘラと勝負する釣りでなくてもいいとは思うのです。

とはいっても、手帳のデータの「連続性」ということに関しては断絶ができます。時折、釣果がいきなりダウンしてまた戻るというようなこともありますが、そのいくつかはお付き合い的なものに近い釣りになっているからです。

まあ、そのようなこともご愛嬌というところです。

満潮時間と干潮時間

ヘラと潮止まりは関係がない

ヘラ釣りをしていて初めのころは、潮時をずいぶんと気にしたものでした。それもこれもヘラが思い通りに釣れないものですから余計なことを考えてしまうのです。潮止まりの時間帯はヘラも食いが悪いのだろうと思ったのです。つまり、自分がヘタなのを棚に上げて潮時のせいにしたわけです。

このことは現在では、潮止まりなどという時間帯でもヘラは関係なくよく釣れると自信を持って言うことができるようになりました。

似たようなことは、地震があったときなどに釣れなかったことを地震のせいにするということがよくあります。このことも、現在では関係が薄いのではないかという認識です。

ヘラ釣りをしている人の中には、海釣りなどをしたことがないという人も大勢いるようです。その人たちは初めから潮止まりなどということも知らないし、思ってもみないということになります。そうであれば私のように余計なことを考えずに済むわけです。

みんなが釣れないから自分も釣れないという水準

そのことは現在では克服されているテーマなのですが、たとえば、みんなが釣れないから自分も釣れなくても仕方がないという考え方には、どうしても承服できないでいるわけです。

これは自分に対して厳しすぎるとも思えるのですが、そうではなくて、本当に技術的にも解決済みの課題であれば、他の人たちが釣れないと騒いでいるときでも、私の釣果としては満足でき得る数字を打っているということを望んだわけです。

この望みはある意味高望みであって、他の人たちが釣れないと騒いでいるときは、私も私なりに釣果がダウンしているわけです。ただ、他の人たちから見るとそうはいっていても私の釣果はまだまだ高い水準にあるわけです。

たとえば通常は三〇枚釣れる人が一五枚で終わってしまったとき、私はいつもなら一二〇枚釣れるのにその日は九〇枚だったというような場合です。

釣果の水準が三〇枚とかですと、減少の割合がすごく大きくなるわけです。私が三〇％少ないというとき、他の人は五〇％もの割合になっているということはときどきあるのです。ですからアタマにきて騒ぐのです。

私の変わらぬ願いのひとつが、この釣れないと騒がれるときでも通常の目標数字をクリアすることです。これが実現したら「とても面白いだろう」という気持ちがあります。

他の人が釣れないときに自分だけしっかり釣ってしまうのは、釣り人にとって一種の「優越感」でもあるわけです。

願えばいつかは実現する

それは別の意味としては、そのようなことが実現するということが何を意味しているかということです。ある程度の技術的課題が克服されていて実力がついた証拠でもあると思えるのです。

私のヘラ釣りはまだまだそのような域には届いていないのが現状です。しかし、それもこれも時間の問題ではあるという気持ちではいるのです。あきらめるとか目標を下げるとかいうことが一番いけないことだと思っています。

「思っていさえすれば」何事もいつかはかなうと思うのです。思わないこと、願わないことこそが一番いけないことだと思うのです。

老いの一徹

若い者に花を持たせる

平日にヘラ釣りに行くと、私などは「若い」方です。八〇歳くらいの人など何人もいます。平日の場合は大体がみなさんは私を含めて「自由な」釣りで、勝ち負けは度外視ということになります。

それでもやはり隣の人にかなり引き離されてしまいますと、それは悔しく思うものです。釣れないよりは釣れたほうが嬉しいに決まっています。たぶん全員がそうだと思うのです。でもそこはそこで、年上の人たちは年の功ですから「若いもんにハナぁ持たせてんだ」と言うわけですが、それでも内心は忸怩たるものがあるはずなのです。

私は老いの一徹といわれるほどまだ年は取っていないつもりですが、やっていることはたぶんそのようなことに近いのだろうと思っています。

使いこなすことが大事

一〇尺ザオを使いつづけているのもそうです。一〇尺で十分に釣りになる釣り場ですからそうしていますが、やはり底釣りで一〇尺では届かないとなれば話は違っていたと思うのです。

ウキも一〇尺ザオに見合った、そう大きくも太くもないウキを選んだわけで、それがいまの「歌麿ウドンウキ#8〜10」のシリーズです。これもサオが一五尺などというのであれば、必然的にサイズが違ったと思うのです。

ダンゴエサはいろいろと試してきて、どうやら元のブレンドに戻ってきたように思っています。「やはり、これでよい」という気持ちです。エサはどうしても釣れている人のものに目がいって、自分のエサに自信を失うことがよくあると思います。その点ではやはりあるパターンのエサを「使い続ける」姿勢が大切だと痛感しています。「使いこなす」ということだと思うのです。

エサ作りも使うサオの長さと水深に大きく影響されると思っています。

ハリのサイズも人それぞれでまちまちですが、私は上3号・下1号です。これはそもそも初めからそうでして、エサを大きくつけたくないからという単純な気持ちでした。その他のことは考慮外でした。釣具店に1号バリの糸つきを置いていないことが意外でした。最近はいつ行っても在庫があるようです。

釣り座のことでもそうです。釣行のたびごとに異なる釣り座に座るようにしています。これは今でもそうです。まあ、いろいろなことが分かって面白いと思っています。そのひとつが、同じ釣り座であっても釣れ具合に「季節変動」があるということです。

夏冬両方とも底釣りでよく釣れる場所かと思うと、別の場所は夏は釣れても冬は大して釣れないということがあります。それは何回か釣り回りますとそのようなデータが取れるわけです。もちろんそれは私の実力が年ごとに開きがありますので、単純な比較はできないこともあると思います。ですからこれからはこれまでの冬にいい釣りができなかった場所で、今年の暮からの冬にどのような釣りができるか楽しみにしているわけです。

冬でも一日一〇〇枚を釣りたい

私の大きな目標といいますと、夏でも冬でも一日に一〇〇枚を釣りたい、というものがあります。

この点は言葉に出しますと「釣り場知り合い」のみなさんが「絶句」するか「笑って」しまうかのどちらかになると思っています。とくに、「冬に一〇〇枚」ということは口をつぐんでいるわけです。ですから、当面は真冬にダンゴで五〇枚、ということでお茶を濁しているのです。そうはいっても五〇枚というのは既に何回も達成していますので、一〇〇枚というものを現実的な目標値として私は捉えているのです。そうできたら「嬉しいな」ということです。

このようなことを口に出してみなさんに言いますと、それはもうまともに「普通じゃない」という言葉になるわけです。

でも私に言わせれば、ヘラ釣りに通う人はどなたもが多かれ少なかれ「普通じゃない」と思うのです。入れ込み具合がということです。

そんなこんなで、平日の釣り堀では私は「若い方」ですが、やっていることは「頑固一途」のことだと思えるのです。これを「老いの一徹」と言っていいのかどうかは私としてはまだまだ「若いつもり」ですので躊躇する部分があるわけです。

休日の例会で優勝する人はすごい

先日のこと、池の大会に出たら？　と声がかかりました。いえいえ、とんでもありません、私は気が弱いので、とてもとても、と辞退しました。

気が弱いことは確かです。力んでしまうのだと思います。未熟な私です。

まあ、例会とか大会とかの場合は鉄則みたいなものがあって、自分の両脇にいる人に「絶対に」負けてはならないのです。

それと、例会というのは、大体が休日に開かれることが多いのです。大勢の人が肩を接するようにサオを振ります。ですから、休日の例会でサオ頭を取る人は凄いと思います。

なぜ凄いかといいますと、休日に優勝できる人は、平日でもかなり釣れる人だということなのです。その逆に、平日にどれほど釣る人でも、休日に同様に釣れるということはないからです。

私などは、平日のヘラ釣りさえも満足いかないでいるありさまですから、休日などは二の足を踏んでしまいます。

それほどですから、ヘラ釣りも、わざわざ混み合う休日などに釣りに行く理由がないわけです。

今後、もし、日曜日などに行くとしたら、それは、自分の到達点を、休日の釣りで検証するための釣行になると思うのです。そのためには、まだまだ、平日にしておくことがあるような気がしています。

気ままに釣らせてもらう

私の仕掛けは、ハリの段差が七センチで釣っています。例会は規定が多くて、なかなか自由釣りとはなっていないようです。底釣りなどは、段差は五センチ以内とか、共エサ（両ダンゴなど）とか、ハリス全長は何センチ以内とか、ウキの長さはこうだとか、いろいろと規定があるわけです。それでいて、サオについては短さだけの規定があって、長い分にはあまり規定がないこともあります。

こうなりますと、大会とかに出場するにはその大会規定の釣りに自分の釣りを修正する必要があります。

私の目指している釣りは「自己満足の釣り」です。例会などで一位になりたいという意味の自己満足であれば、それはそれでいいと思いますが、私はそうではなかったわけです。

いずれにしても、私が目指している釣りは「自由なヘラ釣り」ですから、その自由がいろいろに解釈できるわけです。当面はバランスの底釣りで、ダンゴエサメインで、釣りなれた段差七センチで、一〇尺ザオで、「きままに釣らせてもらう」のが私の自由ということになります。

マグレでも一日一〇〇枚は釣れる

当然そこには、釣り人同士の競争という概念はありませんので、「ヘラと勝負する」という想いだけが残ることになります。

平日で、心ゆくまでヘラと勝負して、ある程度納得できたと感じた時点で、おもむろに、休日でのヘラとの勝負、ということになると思っています。

自由なヘラ釣りの要素となっている自己満足の数字というのは、一日で一〇〇枚、平均五〇枚、年間二〇〇〇枚という数字です。

年間二〇〇〇枚という数字はいちばん簡単です。釣行回数を重ねれば到達できます。

次に達成できるのは、一日に一〇〇枚という数字です。研究してチャレンジしていれば、一〇〇枚は「何かの拍子」に釣れるものです。マグレということです。釣った私が言っているのですから間違いはありません。

最も難しいのは一〇〇枚以上を何回も重ねることなのです。極端な話、一回や二回なら「誰だって」可能性があります。つまり「再現性」が壁なのです。

最後に、先の三つの数字の中で最も難しいのは、平均五〇枚です。

私の最終目標は「休日に一日一〇〇枚を釣ってみたい」というものです。そこにいたる道筋は、まだまだ、険しいものがあると感じています。

もしそれが、実現したときは、大会等に出場しようという気持ちは、どこかへ消えてしまっているると思えるのです。それこそ、自由奔放に、ヘラと遊んでいる私がいると思います。

ヘラにときどき翻弄されているようでは、まだまだ、それは将来のことだと思えるのです。

当たり前のことなのに……

ヘラがすぐそばにいる

先日、ウドンで釣っていた人たちの会話。

ウワズっちゃったよ、と言っています。マブシ粉が途中ではがれて、ヘラが上にいるというのです。

そこで私が思ったことは、マブシ粉が途中で絶対にはがれないような対策を取ればよいのに、ということでした。ダンゴエサが途中でバラケルのと同じだからです。

似たような言葉は、ダンゴで釣っている暖かい時期にも聞きました。

エサが池の底に着く前に、底よりもやや上の位置で、ヘラがエサを止めるというのです。

たしかに、ウキが立つまでの時間に、ウキの動きが止まるとか、沈まずに逆に少し持ち上がるとかの動きが時にあるのです。

そのようなとき、私などは、ああ、ヘラがすぐそばに来ているぞと期待で心が弾みます。期待感を持つか否かは大きな違いでしょう。

ヘラは中層にいる魚

ヘラがウワズルっていうことは、どういう現象なのかと考えたことがありました。
① 底から三〇センチとか五〇センチ上の層にいる
② 落下するエサがバラケて漂っているのを食べている
③ 底に落ちているエサがヘラの動きで舞い上がって、水中を漂っていて、それを食べている、
という状態だろうと思いました。

では、それが果たして釣り人にとって「いけない状態」なのだろうかということです。宙釣りをする人たちにはほとんど無関係のことなのですが、底釣りをする人にとっては関係あるというのです。釣れないからということです。

では逆に、ヘラの立場で考えてみました。そもそも、ヘラという魚は中層を泳ぐものです。中層でも、その時々のヘラにとっての適水温（一五〜二二℃）を求めて立体的に移動します。それは環境に対する適応性が弱いためとされています。

その点、マブナは逆で、年間を通じて底にいます。

ヘラは、冬は水温が比較的高い場所（巣という?）に静止してあまり動かず、水温が上昇し始めると巣離れをして、やや浅場へ移動します。これが二月中旬です。巣離れが終わると集団で回遊を始めて浅場へと乗っ込みをします。これが三月で、産卵期の開始です。ですから、春はよ

く釣れます。夏は水温が激しく上昇しますので、安定した水温を求めて、やや深い場所や駆け上がりについています。秋になって水温が下がりはじめると、水面へ上昇したりしますが、安定して釣れるようになります。一二月になって水温の低下がめだつようになると深場へ移動するのです。

粒の大きいエサはエラで濾せなくてすぐに吐き出す

ヘラの鰓耙数《さいは》（えらの数）はマブナの倍以上で、一〇〇〜一五〇もあり、植物プランクトンのような細かいエサを濾して食べます。ですから、濾せないような粒の大きいものは瞬間的に吐き出すのです。

このことから私は、エサは粒子の細かい「練りあんこ玉」のような感じのものがいいのだろうと考えているのです。今のところ、それが的中しているようです。吐き出さないで、逆に咽喉の奥まで飲み込んでほしいエサを作りたいと望んでいるのです。

なお、ヘラは五〜六年で三〇センチに育ちます。

長々とヘラの基礎知識を書いたのは、私の頭の整理もあるのです。つまりヘラという魚は、マブナのようにある一定の場所とか底などに定着せず、一五〜二二℃の適水温を求めて、中層を回遊している魚だということです。

ヘラの定位置は宙

したがって、ヘラは常時「底にいない」ということが「当たり前のこと」だと言いたいわけです。

私のように、「底釣り」をする釣り人の行為は、ヘラから見たら「常識外」の釣りだとも言えると思うのです。

そうであれば、底釣りの人たちが、ウワズったと嘆く状態というのは、ヘラが本来いるべきポジションにいるのだとも言えるのです。

言い換えれば、底釣りとは中層にいるヘラを池の底まで誘導し、別の言葉で言えば、ヘラの頭を底に向かせて就餌させる、という釣りだと言えると思うのです。

底釣りの人たちがウワズリに悩む状態こそが、ヘラ本来の定位置の形であって、ヘラの頭を底へ向かせられないことこそ問題の発端であると思えるのです。

従来のウワズリを「解消する」方法として、①エサ打ちを中止して、場所を休ませる②エサを硬く小さくつけて、じっと待つ、などの方法がありました。たしかに、この方法が通用することがあります。しかし、この方法の弱点はヘラが散ってしまうことです。

私が多用している方法はまったく逆で、積極的にエサを打ち込むということです。もちろん、エサは途中でのバラケを若干抑え気味にした状態にして打ちます。つまり、池の底にエサを溜めるのです。このことは、ヘラの就餌スピードがかなり速いのではないのかという認識があるからです。この方法ですと、空振り一〇回ヘラ一枚のペースが維持できるのです。意識的な空振りを繰り返すわけです。寄っているヘラの数が多いほど効果があります。

ヘラが当たり前のポジションにいることを上ズリという

私の底釣りの釣法は、「ヘラは中層にいるのが当たり前の状態である」という認識が出発点になっているのです。ですから、私の意識には、「ウワズリ」という言葉があまり浮かんでこないのです。だって、それは、そもそも、ヘラとしては当たり前のポジションにいるだけのことなのですから。たまたま、そこに漂ってくるエサを、ぱくぱく食べているだけのことなのですから。

ヘラの頭を、池の底に向かせることができないでいる私たち釣り人の側こそが、当たり前でない釣り方をしているのだと思うのです。

ヘラ釣りは、宙釣りこそがヘラに適した釣りであって、底釣りというものは、宙にいるヘラを、底を向かせる、という釣法なのだという認識が必要だと思えるのです。

そうだとしても、宙釣りでも、ヘラの適水温の水深を推定し損なうと、手厳しいしっぺ返しを受けることはたしかなことなのです。

自分の世界を作れるかどうか

魚一匹思いのままにできなくてどうする

釣りをしていていつも思うのですが、魚が釣れたときの嬉しさというものは言葉では言い尽くせないものがあります。

ヘラ釣りを始めたときも、ただただ、ヘラを釣ってみたいという一心でした。

実際にヘラを釣ってみますと、私の場合は管理釣り場の釣りなのですが、周りに並んで釣り人がいるわけです。そうなりますと、どうしても周りが気になるわけです。「ヘラを釣ってみたい」という「純真な気持ち」に、「周りの人に負けたくない」といった「俗世間的な気持ち」が加わるわけです。

ですから、ヘラ釣りのウデを磨くために努力するワケは、大きく分けて二つあるわけです。私の場合は、ヘラに負けたくないというものでした。魚一匹思いのままにできなくてどうするというものでした。

いずれにしても、ヘラ釣りが上手になる原動力というものは、釣りに対する情熱だと思うのです。

底釣りに特化する

シニアになってあるひとつの釣りを始めますと、どうしても年齢の壁が意識されます。少なくとも私の場合には切実に感じられたのです。ということは、ヘラ釣りといえどもいろいろなジャンルの釣りがあるわけで、あれもこれもと大風呂敷を広げていますと、どうしてもひとつひとつの中身が薄いものになると思ったのです。

私の釣りは「特化する」という特徴を持っています。ある一面では「数釣り」という形で表されます。どういうわけかといいますと、ヘラに負けたくない、魚一匹思いのままにできなくてどうする、などという気持ちでいますと、必然的に何匹の魚を釣ったか、というものに集約されてくるのです。

ですから、私の場合の腕の尺度というものは、「ヘラを何年間で何枚釣ったか」というものになるのです。

私のヘラ釣りのスタイルは数あるもののうちのたったひとつのスタイル（バランスの底釣り）に限定したものになったのです。このことは遠くが見え難いとか、体力温存のために長いサオは敬遠するとか、その他、まあ、いろいろとあったわけです。

一〇人いたら一〇人の違ったヘラ釣りがある

釣りの楽しみは「自分の世界を作れるかどうか」です。これはどの趣味でもそうだと思うのです。最初は暗中模索ですから、試行錯誤をしたり、他の人を真似たり、書物に頼ったりすることがあります。

だとしても、一〇人いたら一〇人の違ったヘラ釣りがあり、特にヘラ釣りはそれが顕著に出ます。隣り合わせで釣っていたりしますと、エサもタックルも同じなのに釣れるペースが違うということになり、「腕」の違いなどと言いますが、それはそうではなくて、一〇人の個性が出ているわけで、決して一様な釣りにはならないのです。

私はヘラに負けたくないという気持ちを「成就」させるために、自分の釣りをある意味「特化」させたわけです。そこには、他の人と同じことをしたくないという思いもありました。

コピーは原本ではない

子どものころから釣りをしていますと、ヘラ釣りそのものは初心者でよく分からなくても、周囲を見渡して、誰がヘタかウマイかくらいのことは分かります。次に思うことは、ウマイ人がそのスタイルでここまでになるのに何年かかったかというものでした。

人によって器用不器用ということがありますが、一年や二年でそんなに上手になれないと思うのです。ということは、そのウマイ人の真似をしたとしても、それはあくまでも「真似」であって、それは「コピー」です。

私はどこかに天の邪鬼なところがあって、「コピー」はどこまでいっても「原本」ではない、という気持ちがあったのです。

コピーのままで満足できていればそれはそれでいいと思うのですが、私の場合は少なくともコピーの位置から抜け出したかったのです。

アタリをあわせてカンペキと笑みがこぼれる

八〇歳の先輩に連れられて初めて行った釣り堀「水光園」でヘラ釣りを始めたとき、一年でたった数回の釣行でしたが、それだけの回数で自分のスタイルを決定したのです。

それがバランスの底釣り、一〇尺ザオ、ムクトップウキ、糸付き上3号・下1号バリ、ダンゴエサというものでした。

まあ、その当時は長ザオ全盛の時代だったと思うのですが、みなさん双眼鏡を覗いて釣っていました。そんな時代ですから、私が短ザオで釣りをしますと、「異端」の目で見られたことも確かです。でも私はそんなことは気にせずにただひたすらヘラを釣ったのです。最近では、短ザオの釣りの「良さ」も知れてきたようで、短いサオで釣る人がとても増えたように思います。釣りも「趣味」であり、仕事でしているのではありませんから、楽しくなければ何にもなりません。

「思いのままに」ヘラを釣ることができる、このことが私にとっての最大の喜びです。こうなりますと、アタリをあわせたときに、「カンペキ」などと小さく言葉に出しながら、笑みがこぼれるのです。

近ごろでは、どうやらこうやら自分の世界が作れたのかな、と思えるような心境になってきたのです。

仕事を辞められた私は幸せ

釣りに行きますと、釣り場での自慢話のひとつが年齢のことです。九〇歳だ、八四歳だと聞かされますと、私などまだまだ子どもみたいなもので、ただただ感心するばかりです。自分はあの年まで釣りをしていられるかねえ、というのが、釣り場友達とのいつもの会話です。

しかしよくよく考えてみれば、私でさえも還暦はとうに過ぎて、今年の誕生日がくれば七〇歳になるのです。年金だって大きな顔をして戴いているのですから、立派な「老人」だと思うのです。

私がいつも言っている「生涯現役」というのは釣りのことであって、経済的活動での仕事のことではないのです。

昨今は、世の中が激変した事情もあって、仕事を辞められない人たちも増えているようです。鈴木さんは辞められるからいいんだよなあ、とは、一三年前に仕事を辞めたときにあいさつ回りに行った先の取引先の社長さんの言葉でした。

でも、ある程度の年齢ともなれば、仕事上の地位は引退して、悠々自適の老後を送ろうという気持ちになると思うのですが、どうでしょうか。

釣り堀での礼儀作法も知らなかった

水光園に丸五年通いつめましたが、その間に亡くなった人、他の釣り堀へ行ってしまった人、新たに通ってくるようになった人など、私の周囲の顔ぶれも変化してきました。相も変わらず通っているのは私だけだと極論はしませんが、少なくとも常連さんと呼ばれる部類の釣り人の仲間には入れてもらえたようです。

釣りの場合、相対の勝負事とは違うと思うのですが、最近では「相手変われど主変わらず」の格言が、そのまま私に当てはまるようです。

私のヘラ釣りは六四歳になってから本格的に始めましたので、ハゼその他の釣歴は長いのですが、ヘラについてはまったくの初心者でした。

定年で仕事をリタイアしてヘラ釣りを始めた人とドッコイドッコイで、右も左も分からない状態で釣り堀に首を突っ込んだわけです。

ともかく、釣り堀での礼儀作法もわきまえないのですから、恐る恐る先輩の後について桟橋を歩いたものでした。ジロリジロリと見られるのが何とも言えない感じでした。

釣れないより釣れた方が嬉しい

ヘラ釣りといっても、ジャンルは広く、都会での箱釣り、自然の池・沼・川筋跡地などを利用した管理釣り場、田んぼ・原野などに造った釣り堀、ダム湖などの大場所、農村地帯などの水路や自然の川、自然の池や沼などでの野釣りなど、いろいろとあります。

定年過ぎてからのヘラ釣りでしたから、私の希望は、ともかくヘラに馬鹿にされたくないという一点でした。ヘラと勝負するということです。

釣りも人さまざまで、仲間と行くのがいいという人、あっちこっちの釣り場を渡り歩くのが好きな人、会やクラブに所属する人、ウキを見ていればそれでいいと広言する人、ガツガツ釣らなくてもいいという人、私のようにヘラに負けたくないという人（当然のように数釣りになります）など、いろいろです。

理由はいろいろでも、実釣では「釣れないよりは釣れた方が絶対に嬉しい」と思うのです。そのことは、私がたまたま七〇枚とか九〇枚、冬場で五〇枚などの大釣りをしたとき、周囲の人の間で交わされる会話の中に、釣れていることに対する興味の言葉があるからです。

他の人の釣りを批判してはいけない

私の知り合いの中には「自分で努力を放棄しておいて、腕が未熟でヘラが思うように釣れないことを承知していながら、それを隠すために、いろいろな理屈で数釣りをする人を批判するような不届き者がいる」と極論する方もおられます。まあまあ、となだめる側に私は回ってしまうのです。

それも一理あると私も思います。このことはハゼ釣りで体験したことでもありますし、それも遠い過去ではなく、古くて新しい命題として折々に出てくる言葉だからです。ヘラ釣りに限ったことではないのです。

要は十人十色の釣りがあり、考え方があり、他の人の釣りを批判してはいけないということだと思えるのです。

無口を楽しむ

私などは、ヘラを釣り始めたらわき目も振らず、口もきかず、食べる時間も惜しんで、ひたすら一日中釣りをしています。知り合いが周囲にいないときや、誰も釣果を訊きに来ないときなどは、朝から夕方まで無口で過ごすほどです。

そのことは、私に余裕がないことの証左でもあると思うのですが、反面、そのような孤独を楽しんでいるということでもあるのです。

最近はますますその傾向が強くなって、終日口をきかなかったことに深い満足感を味わえるほどになりました。

不況のいまは上達のチャンス

一日遊ばせてもらっている

最近は、不況だから趣味の釣りなどに出かける回数を減らすのだといいます。

船宿などでも、乗合船のお客さんが少なくなったと嘆いています。

床屋さんでも、お客さんが頭を刈りに来る日数を長くするのだそうです。だから、最近の男は「汚くなった」とマスターは言います。

そんな昨今の状況なのに、一時、何もかも値上げになるというときがありました。

釣り堀でも、年会費を払う代わりに会員は入場料を毎回割引される特典があったのに、これを廃止するということがありました。その他、いろいろなことでわずかずつの実質値上げに相当する変更があったわけです。このことは、いずこの釣り堀でも似たようなことがあったのだと思われます。

周囲の釣り人の会話で聞こえてくることは、それらの値上げまがいの処置に対する「怨嗟の声」が圧倒的なものでした。しかしそれも、日が経つにつれて聞かれなくなりました。

私などは、白井市の水光園をホームグラウンドにしているので、他の釣り堀に行く気がありませんし、そもそも「自分は客なんだ」という意識よりも、日がな一日勝手気ままに「遊ばせてもらっている」という気持ちでいましたので、経営が苦しくなって店をたたまれるよりはマシかなどと考えていたのでした。

中には、よその釣り堀に鞍替えしてしまう人もいたようですが、私などは、他の釣り堀へ行くと交通費の方が余計にかかりますので、ここでいいやっ、という事情もあったわけです。

上手になりたいヘラ釣りに小遣いを集中する

そんなこんながあったのですが、私の考えでは、同じ料金を払って釣りをするのであれば、一〇〇人が並んでするよりも三〇人で釣る方がずっといいのであり、ましてや、不況で来客数が減り、平日で一〇人くらいしか来ないとか、雨降りで二人しかいないといった閑散とした状態の方が、釣技の練磨という観点からは絶対にいいと思ったりもするわけです。

私は、経済的な理由でヘラ釣りをする人が減る、特に釣り堀のように料金を払ってする釣り場の人出が少なくなるということは、逆の意味で釣りに来る人にとってチャンスだと思うのです。釣り場に来る常連さんにとって、釣り人が少なくなることは願ってもないチャンスだと思えるのです。まあ釣り堀の経営者にとっては、頭の痛いことではあると思いますが。

ですから、そのようなときは、上手になりたい釣り物に小遣いを集中して、投資して、あれもこれもと手を出さずに、ヘラならヘラのように一点突破の釣りをするといいと思うのです。

それは上手になるコツのひとつみたいなものです。

釣りをダイエットに利用する

上手になるコツといいますと、もうひとつ忘れられないことが私にはあります。

釣りをしているときに「満腹状態」でいることは、私にとっては少なくとも避けたいことなのです。集中力が散漫になるからです。ゲップをしながら釣りをしても仕方がないと思うのですが、どうでしょうか。また、お酒を飲みながら釣りをする人もいます。これらの点は、釣り人によっては異論があるかもしれません。ですから、私に限ってはと申し上げておきます。

飢餓状態というとオーバーですが、家にいて、三食食べて、おやつも食べて、などというエネルギー摂取の状態よりは、ずっと少ない摂取量に制限するわけです。

このことは、日常生活の中では「ダイエット」になるだけのカロリー制限が持続し難いという事情も絡んでいます。体重がなかなか減らないわけです。

そんなことから、最近では釣りに出かけるときは、意識的に摂取量を考慮するようになりました。ちょうどその時期に値上げなどの嵐があったのです。

釣り堀の入場料などの改定、ガソリン代の高騰、食べ物の値上がりなどに対して、私の健康上からのダイエットを成功させるためと、釣りに集中できる腹具合の調整のために、食料と飲み物の調達方法を変更したわけです。

このこと自体は、金額的には特別大きいものではないと思うのですが、私の釣り場での気持ちの切り替えには十分な効果がありました。

釣りの命はエサにある

絶えず満腹状態で釣りをすることがなくなると、即、釣りに対する集中力に表れました。また、わずかでもその日の釣りのコストダウンができているということが、安らぎにもなったのでした。気持ちの問題です。

現実問題としては、釣り堀から帰宅してヘルスメーターで体重を量りますと、にんまりと笑みがこぼれるわけです。

やはり、好きな釣りとダイエットとを組み合わせて、長い目で見て健康を維持することが、釣りという趣味を長続きさせるコツのひとつだと思ったのです。

不況だからとエサを節約される方もいます。不況でなくても、ランニングコストを考えて、使うエサを限定する人もいます。でも、釣りにおいて絶対に節約してはいけないもののひとつが「エサ」だと思うのです。

少しの量で長ーく使えるエサとか、ちょっとの量で一日釣っていられるとか、エサの選別はいろいろです。

私などは「釣りの命はエサにある」と思うくらいの人間ですから、ヘラが釣れるためのエサであれば「惜しむ」ことをしないタチです。釣り堀に釣りに来て、思ったように釣れないほどつまらないことはないと思うからです。釣れないときは、それこそ無駄金を使ったことになるのではないでしょうか。惜しむものはエサでなく、ほかのものにすればいいのです。

いずれにしても、不況だからといって釣り人の人数が少ないということは、釣りに来ている人にとっては、もっけの幸いの出来事でもあるわけですから、チャンスを大いに生かして腕を磨くくらいの気持ちでいてちょうど良いのだろうと思ったのです。

雨でも風でも

平日に釣りをしたくて仕事を辞める

雨でも風でも、私はよく釣りに出かけます。

どうしてそんなにまでしてやるのか、と質問されても答えようがないのです。

何と言うのでしょうか、もう「日課」のようなものです。言い換えれば、それは「仕事」です。

仕事であれば誰でも、雨が降ろうが風が吹こうが出かけるでしょう。

釣りは私にとって仕事であり、「そのような気持ち」でいることが健康の秘訣になっているのです。

私が雨の日も風の日も釣りに行くのは、「きっと空いている」と思うからです。「現役」の頃は土日祝祭日しか釣りをやれませんでしたから、平日に釣りをすることが「夢」であったのは確かです。「早期定年退職」と称して、六〇歳になる前に早々と引退してしまった理由の半分は釣りのためでした。

たかが趣味だから雨風の日はヘラ釣りに行かない？

本当の意味でのお付き合いの人は、腕があまりない人たちです。誘われるから行くということが多いのです。要するに、処世術としてのお付き合いです。

念願かなって平日の釣りができるようになったのですが、とくに、ヘラ釣りを自主・自由釣行するようになってからは、さらに「空いている」ことに「磨きをかけて」、雨の日とか風の日とかでも積極的に出かけるようになりました。

その理由はもっと簡単で、そのような「悪天候」の日には、より空いているだろうという気持ちがあったからです。

実際に行ってみると確かに空いているわけです。それは、東京湾の波の高さ一メートルという予報では絶対にヘラ釣りに行かないとか、雨だったら行かないとか、そのような人が多かったからです。

理由は単純で、自分はいつ行ってもいいのだし、なにも、雨風のときに行くまでもないということでした。

その気持ちの中には、たかが「趣味」だからというものがあると感じられました。

このことは「趣味」なのか「道楽」なのか、ということでもあるわけです。

また、同じヘラ釣りをするのであれば、条件のよい日を選びたいということだと思いました。

風がなく、天気がよく、雨も降らない、水面が静かでウキが見やすい状態を望むわけです。

雨風の日に釣れないってのは何だという気持ち

人さまざまですからどのような考えでもいいわけです。そのことをどうこう言うことはしませんが、私の場合はヘラと勝負するという気持ちがあり、自分を根っからの釣り師だと思っていますので、そのへんは妥協がないわけです。天気のよい日だけ釣って、雨や風の強い日は釣らないってのは何だという気持ちです。

初めは、だいたいがそんな気持ちで雨の日と風の日に「わざわざ」釣りに行ったわけです。すると、そんな日の方がなまじ天気がよくて風がない日よりもたくさん釣れるではありませんか。オッ、これは何だと思いました。

最近では、わざわざそんな日を選ぶ手間をかけるまでもないわけで、その理由は、私の世事がなにかと忙しくなってしまって、釣行日の日程調整がままならないのです。それが大きな原因です。自分としては「やむなく」天気の悪い日に行くという「ハメ」になっているわけです。たまたま、その日にしかヘラ釣りに行けなくて行ったら、たまたまその日が雨だったり雪だったり風が強かったりするわけです。選んでそうなっているのではないわけです。

おかげさまとでも言うのでしょうか、そんなわけで「雨雪風の日の釣り方」が上手になったように思えるのです。

データを見ますと、そのような日の方がいい釣果を打っているという現実もあります。

風を味方につける

そのことは、天候がヘラに及ぼす影響もあると思うのですが、それよりも釣り人の数が少なくて、釣り堀が「借り切り」状態であることの方が大きいと思うのです。であれば、もしも思うような釣果を打てなかったら、それは私自身の「未熟」を天下にさらすものでもあると思えるのです。

とはいっても、肩肘張ってそのようにいつもいつも思っているわけでもないのです。そんなことは、今このように文章にしているからそう書くのであって、雨雪風の日の釣り方をよりマスターしてみたいという気持ちが強いのです。

最近では、ヘラ釣りをしていて風がビューッと吹いてきますと、大方の人たちは嫌な顔をします。ところが私は待ってましたということで、釣果のペースがよくなるわけです。

知り合いの人たちは「こんな風が出ているのによく釣れますね」と不思議な顔をしますが、私にとっては風は味方なワケです。

どのような魚種の釣りであっても、自然相手ですから、自然現象を味方につけることが大事なワケです。まあ、それも程度問題で、雷が鳴るとか、地震だとかはご免こうむりたいところです。

　最近では、結果的に悪天候の日の釣行が多くなってしまっているのですが、そうしますと、常連さんの知り合いの方の間で私は殺されてしまっているようで、病気でもしてるのではとか、死んだのかと思ったとか、いろいろと噂されるようです。

　ハゼ釣りの場合と同じように、さまざまな天気の日にヘラを釣ってみて、ヘラの動きを観察してきたわけですが、ヘラ釣り再開後丸五年が経過して今年は六年目になったので、データも積み上げましたし、これからのヘラ釣りがますます楽しみになってきている毎日です。

段取りをする

エサをつけて投入しなければ釣れない

いつも思うのですが、魚を釣るには、エサをつけた仕掛けが魚のいる水中に投入されていなければならないということです。

このことは私の釣りの出発点です。

とにもかくにも、エサをつけて投入する、このことが先決です。

ヘラ釣りを再開して釣り堀へきて、周りを見渡したときもそのような気持ちでした。でも、当初は慣れないものですから、手順の前後とか、忘れてしまったこととか、手の動きが気持ちのようにはいかないこととかはありました。

そのようなことは場数を踏めば自然と身につくことなのです。今では特別なイメージトレーニングをしなくても普通に「作業」ができています。

他の人はどうか知りませんが、私の場合は一〇尺ザオオンリーでヘラと勝負していますので、「仕掛け」は八組用意してあります。仕掛けというのは、穂先にラインを絡げてウキをつけ、オモリをつけ、エサをつければ投入できる態勢になるという意味です。

一〇〇枚釣った仕掛けは再利用品のほかは捨てる

私は一日一〇〇枚を目標に釣っていますが、五〇枚、七〇枚でサオを畳む日もあります。そのようなとき、仕掛けのラインが特に傷んでいないようなら、次回また使うことがあります。

一〇〇枚以上を釣った仕掛けはもう使いません。非常用にストックするくらいです。一〇〇枚以上釣った日が二回、三回と続くと、このストックが増えることになります。三個か四個溜まったら捨てます。

もったいないと感じる人もあるかと思いますが、仕掛けはこのように消耗品として扱っています。

仕掛けの使い回しをやめる

私の仕掛けは消耗品ですから、一〇尺というサオの長さを考えたとき、まずライン（糸）はそれほど高価なものでなくてよい、ということになりました。その他の「部品」も、捨ててしまうものは安物で済ませています。

以前はラインがよく「切れた」ものです。原因の大きな部分は、仕掛けの使い回しにあると考えました。そこでヘラ一〇〇枚をボーダーラインとし、釣行ごとにラインを替えることにしたのです。以来、ラインが切れることは少なくなりました。

新しい仕掛けが不幸にして切れてしまったら、すぐさま予備の仕掛けをセットし、ウキと「オモリ」をつけて釣りを再開します。

一般に、仕掛けが切れるとオモリを持って行かれるので、新しいオモリをつけて「オモリ合わせ」をします。これに時間を取られる人が多いようです。私はオモリ合わせの時間を短縮するため、前もってオモリをカットし、ウキごとに予備オモリを作ってあります。仕掛けをセットし、ウキと予備のオモリをつければ、そのまま釣りができます。

予備仕掛け七組は一ヶ月で使い切る

予備の仕掛けは常時六～七組用意していますが、すぐに使えるように同じ部品でセットしておく必要があります。あとはオモリの「微調整」だけでしょう。

厳密にオモリを量って切っておいても、釣り場での微調整は必要です。オモリからハリまでの水深が微妙に違いますから、その違いによってウキの沈み方が違うのです。ウドンウキやムクトップを使うとそれがよく分かります。空バリでのウキの立ち具合が微妙に違ってきます。だから最初の空バリでの振り込みで沈み具合を見て、オモリをカットして微調整するのです。一回やれば大体できるようになります。

仕掛けの交換に要する時間は、三分以内を目標としています。三分以上も手間取っていてはヘラがいなくなってしまうでしょう。

今のところ月に六～一〇回はヘラ釣りができていますので、一ヶ月ちょっとで八組の仕掛けを使い切ることになります。このペースだと、部品の「劣化」も問題にならないと思っています。

オモリをウキごとに複数カットしておく

オモリのカットですが、捨ててしまう「仕掛け」一式をハリのついたまま丸めて持ち帰り、その丸めたものにウキとオモリをつけて風呂場で沈めてみます。これで空バリ状態でのオモリ合わせができます。

ウキのどの目盛りでオモリをカットするか、ウキごとに違うでしょうから、前もって丹念にやっておくのです。それを済ませた予備オモリがいくつかあれば、いつラインが切られても仕掛けの交換を素早く行えます。

一日一〇〇枚という目標をしっかりと意識したときから、私の準備もこのように念入りになってきました。

参考資料

2010年のヘラ釣り実績

（千葉県白井市の水光園での釣り。釣果はすべて自己申告です）

1/4 14、1/7 58、1/9 53、1/13 67、1/16 53、1/18 5、1/22 127、1/25 41、1/27 69、1/29 94

2/5 72、2/8 30、2/13 62、2/16 121、2/23 66、2/26 155

3/2 124、3/4 117、3/10 77、3/12 62、3/17 86、3/19 111、3/24 105、3/26 102、3/30 85

4/3 53、4/6 98、4/8 85、4/10 122、4/13 92、4/17 114、4/20 104、4/22 118、4/27 138、4/30 91

5/3 107、5/5 89、5/8 65、5/16 106、5/18 164、5/24 138、5/26 131、5/31 116

6/5 108、6/8 118、6/12 92、6/16 105、6/21 126、6/23 122、6/28 106

7/5 114、7/10 117、7/13 106、7/16 111、7/22 110、7/24 108、7/29 107、7/30 143

8/4　121、8/6　135、8/12　121、8/18　112、8/20 141、8/25 140、8/27　120

9/2　134、9/4　107　9/10　116、9/17　124、9/27　108

10/2　115、10/7　108、10/9　112、10/14　117、10/16　123、10/20 144、10/23　120、10/29　107

11/6　119、11/11　113、11/18　123、11/22　113、11/24　105、11/26 162

12/2　124、12/4　93、12/6　133、12/8　92、12/11　83、12/13 122、12/16　115、12/20　65、12/24　64、12/27　72、12/29　57

2010年の実績	
釣果自己記録	9760枚
釣行回数	95回
1回平均釣果自己記録	102枚／回
一日100枚以上の回数自己記録	63回達成
一日100枚以上自己記録連続	39回達成
2010年5月18日自己記録	164枚

私的資料で恐縮ですが、このようなヘラ釣りの年があったという証しです。このような大釣りを今後できるかどうか、自信がもてな

いほどです。

2010年は本格的にヘラを釣り始めてちょうど丸5年となった年でした。

2011年からはどのようなヘラ釣りになるのか楽しみにしています。

釣り場でご一緒するかもしれません。よろしくお願いしたいと思います。

なお、底釣りで1日に100枚を釣ったことがある方、釣るだけの腕をもった方はたくさんおられるものと思っていますが、私のようなチャレンジをした方はおられないのではないでしょうか。特に100枚以上累計116回、年間最多63回、連続39回という記録は、なかなか作れないものと自負しています。

あとがき

この本には、ヘラの数釣りを望まない釣り人にとっても、思い当たることがたくさん書いてあると思います。

ヘラ釣りのズブの素人が試行錯誤を繰り返しながら釣りをしたエッセイです。

ヘラ釣りは、あわせたときのハリがかりの手応えが最高に嬉しい瞬間です。私などは、そのとき「カンペキ」と声が出て、笑みがこぼれるほどです。この瞬間を味わいたいために釣り人は種々の準備をし、時間とお金を投資するのです。

言い換えれば、釣れないと、こんなにつまらない趣味はないと思うのです。

ヘラ釣りと言えども、上手になりたいと志を立てますと、必然的に数釣りに収斂されていくと思っています。

技術を会得するには、ヘラを「釣る」しかないのです。

一日で何枚釣って、何年で何枚釣ったか、それが釣り人の年輪となるのです。

私はヘラに負けたくないために、ヘラと勝負する道を選びました。

自然の川や湖、ダム湖などの野釣りと違って、「釣り堀」を選びましたので、その意識はとても強烈でした。

自然の中の釣り場では、仕掛けの届く範囲にヘラがいるのかいないのか分からず、ひょっとしたらまったくいない恐れも多分にあります。釣り堀や釣りセンターは「箱」「池」「沼」あるいは「川を人工的に仕切った施設」であり、釣り人にヘラを釣らせるために「ヘラを飼っている」環境です。私は、ヘラが間違いなくサオの先にいる環境での勝負を望み、こちらを戦場に選んだわけです。

これには人さまざまの事情があって、野釣りの方が良いとか、いろいろと意見は分かれると思います。

人工釣り場を選定した私にとって、ヘラ釣りは「ゲームフィッシングである」という意識が色濃くありました。

さりながら、釣り堀での釣果を見渡すと、大漁と言える人は意外にも少ないようです。ヘラ釣りを本格的に始めた当初の私も、最高釣果が二〇枚という数字でした。何千何万というヘラが飼われている商業施設で、丸一日を費やした釣果が「たったの二〇枚」というのは、どう考えても「おかしいのではないか」。おかしいというのは、自身の釣技がおかしいという意味です。この認識から数釣りへのチャレンジを始めました。

貧果からスタートした私は、やがて平均釣果二〇枚を目指すレベルに成長し、それが五〇枚に「格上げ」されて現在に至ります。

釣り堀を選んだもうひとつの理由は、私がシニアの釣り師だからです。若い釣り人と違って、いろいろとチャレンジする「ヒマ」はありません。

釣り堀のヘラと勝負して勝ったか負けたかの目安は、真冬なら一日五〇枚、その他の季節なら一日に一〇〇枚という釣果です。

底釣りの上手な釣り人と出会いますと、私の分身を見ているような気がする昨今です。

二〇一一年一月

鈴木和明

著者プロフィール

鈴木 和明（すずき かずあき）

1941年、千葉県市川市の農家に生まれる。幼年時代から竹ザオを持って行徳水郷を釣り歩く。サラリーマン時代は会社の釣りクラブ幹事長・会長を務める。1984年、司法書士・行政書士事務所を開設。1990年、ヘラ釣りの道具一式を揃えたが、釣行11回、釣果73枚、平均釣果6枚の貧果。以後、2005年までの16年間で釣行77回、釣果1162枚、平均釣果15枚だった。以上、目標なくしてブランクの年あり、「お付き合いの釣り」だった。1999年、執筆活動を始める。2006年、この年から自主自由釣行を開始、10尺ザオの底釣りで1日100枚に挑戦。7月7日に初めて102枚を釣る。この年の釣果4616枚、1日100枚以上6回、釣行90回、平均釣果51枚。2007年、釣果3143枚、1日100枚以上なし、釣行82回、平均釣果38枚。2008年、釣果5546枚、1日100枚以上8回、釣行100回、平均釣果55枚。2009年、釣果7424枚、1日100枚以上39回、釣行84回、平均釣果89枚。5月25日最高釣果1日162枚。2010年、釣果9760枚、1日100枚以上63回、釣行95回、平均釣果102枚。5月18日最高釣果1日164枚。（注）ヘラの釣果はすべて自己申告です。以上はhttp://www.s-kazuaki.comで公開中。南行徳中学校PTA会長を２期、新井自治会長をそれぞれ務める。「週刊つりニュース」ペンクラブ会員。市川博物館友の会会員。新井熊野神社氏子総代。

趣味：読書、釣り、将棋（初段）。

HERA100 本気でヘラと勝負する

2011年４月15日　初版第１刷発行

著　者　鈴木 和明
発行者　瓜谷 綱延
発行所　株式会社文芸社
〒160-0022　東京都新宿区新宿1－10－1
電話　03-5369-3060（編集）
03-5369-2299（販売）

印刷所　株式会社平河工業社

ISBN978-4-286-10178-1

『僕らはハゼっ子』
ハゼ釣り名人の著者が、ハゼの楽園江戸川の自然への愛情と、釣りの奥義を愉快に綴ったエッセイ集。
四六判 88 頁
定価 840 円（税込み）

『江戸前のハゼ釣り上達法』
江戸川でハゼを釣ること 16 年。1 日 1000 尾釣りを目標とし、自他ともに認める“ハゼ釣り名人”がその極意を披露。ハゼ釣りの奥義とエピソードが満載！
四六判 196 頁
定価 1､365 円（税込み）

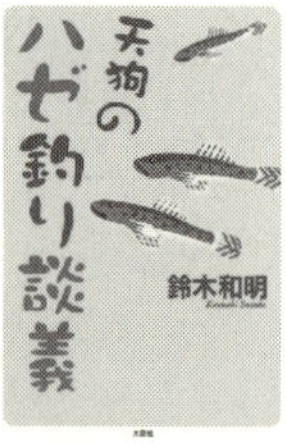

『天狗のハゼ釣り談義』
自分に合った釣り方を開拓して、きわめてほしいという思いをこめ、ハゼ釣り名人による極意と創意工夫がちりばめられた釣りエッセイ。釣り人の数だけ釣り方がある。オンリーワン釣法でめざせ 1 日 1000 尾 !!
四六判 270 頁
定価 1､470 円（税込み）

『ハゼと勝負する』
1 日 1000 尾以上を連続 22 回達成。限られた釣りポイントでも、釣り師にとって、日々変化する環境に対応して生きるハゼを、どのような釣技でとらえていくのか。その神がかり的釣果の記録をまとめた一冊。
四六判 200 頁
定価 1､260 円（税込み）